Oki Sato's rejected projects

佐藤オオキの
ボツ本

日経BP社

はじめに

一見華麗に見えるかもしれないデザイナーのプロジェクト。しかしその陰には、死屍累々のボツ案が横たわっています。

私たちnendoというデザインオフィスでは、現在400を超えるプロジェクトを同時に進行しています。そのプロジェクトの内容はさまざまです。新商品開発や定番商品のリニューアル、デザインを通じて未来の事業モデルを生み出すお手伝いや、企業のコミュニケーション戦略の立案など。特に最近は「なんとかしないといけないが、なにをしていいのかわからない」という企業の漠然とした課題を、企業の皆さんと一緒になって考えるという依頼が増えています。

こうした依頼に対して私は、できるだけ多角的な視点からの提案を行います。そして早い段階で細部まで作り込んだデザイン案を複数投げかける。これは具体的にイメージできるものが数多くあった方が、クライアントとの議論を活性化でき、最終的な成果物の精度が飛躍的に高まると信じているからです。これは、IT業界でいう「アジャイル型開発」だったり、顧客視点で革新を生み出すデザインシンキングにおける「ラピッドプロトタイピング」と呼ばれる手法に似ています。

では、こうした仕事のやり方と私の仕事が同じかというと、少し違うかもしれません。私たちの得意な点は、その提案内容の密度です。対象物の形状や色、素材といった要素だけでなく、新たな機構や構造、使い勝手、さらにはパッケージ、ロゴ、インターフェース、店頭イメージや広告戦略、オプションパーツやその後の展開例まで提案することも多々あります。提案の密度が高ければ高いほど、ユーザー視点で皆がデザインを捉えられ、議論がさらに活発になるからです。

もう1つ、私が多角的な視点を重視する理由があります。それは、nendoのプロセスをクライアントの参加メンバーに体感してもらうことにより、私たちの考え方やアプローチ方法が浸透してくれるのではという思いがあるからです。

思考のプロセスを確実に共有して、そこから得たアイデアを議論し、さらなる発想をそれぞれが生み出していく。いわばチームごとデザインするような感じです。

「ボツ案」がプロジェクトの本質を語る

ただ、結果的にこのやり方は、膨大な「ボツ案」を生み出すことになります。仮に1プロジェクトあたり5つのデザインやアイデアの提案を行うとします。すると、400のプロジェクトを走らせていると、そこには2000のアイデアやデザインが生まれることになるのです。採用されるデザインが各プロジェクトにつき1個だとしたら、ボツ案は1600。供養してもしきれません。

実際には、こうしたアイデアはひょんなことから蘇ったり、別のアイデアと融合してもっと素晴らしいデザインになることもあります。また、このボツ案が私たちの糧となり、その後のプロジェクトに生かされるケースも珍しくはありません。

私たちは基本的に、どの案も正しく機能するはずという自信を持って提案しています。ただその思いとは裏腹に、当然ながらアイデアやデザインは無情にもボツになります。自分のデザイナーとしての未熟さが原因であることがほとんどですが、クライアントが考える事業戦略と方向性が違う場合もあれば、単純に「どれもいいけど、こっちの方が面白そう」という場合もあります。実現するのに時間がかかりそうなど、タイミングが問題だったりということもありますし、プロジェクトが別の性質のものへと変化し、結果的に最初の案が切り捨てられるケースなど、その原因はさまざまです。

デザイナーが手がけたプロジェクトを雑誌や書籍などのメディアで目にすることがあるかと思いますが、それは大概「完成形」です。設計意図やコンセプトは往々にして、完成された状態から遡って説明されたものです。そして、それを語るデザイナーの姿はカッコ良く見えがちです。

しかし残念なことに、実際は決して格好の良い職業ではありません。難題を託され、足を使ってリサーチし、スタッフ一丸となって悩み、苦しみ抜いてファーストプレゼンをして、却下されたら、再プレゼン。そこから長い期間に渡って議論とデザイン変更が重ねられ、幾多のトラブルを経てなんとかギリギリの状態で「完成形」が世に送り出されるのです。

このような詳細なプロジェクトの過程が情報発信される機会は非常に少なく、まして世に出なかった「失敗」について語られることなど皆無に等しい状態です。なぜなら、企業にとって失敗や世に出せなかったプロジェクトについて発信することは、デメリットこそあれど、メリットなどなにひとつ無いように思われるからです。

ただ、私はこういった数々の失敗を経てデザイナーとして学び、成長させてもらいました。また、そうした失敗を経てクライアントが大きく飛躍していく姿を多々目撃してきました。

そういった、日の目を見ることのなかったボツ案と、そこに至るまでの経緯の中にこそ、デザイナーの葛藤や苦悩が潜んでおり、「成功体験」や「美談」を通じては到底理解することのできない本質的な価値がそこに存在しているんじゃないか、と常々感じています。

そんな、デザイナーの「カッコ悪い」姿を通じて、デザインの魅力を少しでも多くの方に感じ取って頂けたら幸いです。

また、本書の発刊に際しまして、ボツ案の掲載を許可してくださったロッテ、タカラベルモント、早稲田大学ラグビー蹴球部、ＩＨＩ、エースほか各社のみなさまに、改めて御礼申し上げます。

nendo　佐藤オオキ

第1章

散りゆくボツ案

「飲み切らせる」ゴミ箱

プレゼン時はとても好評だったのですが、さまざまな事情から残念ながらボツになってしまうデザインが多々あります。

その1つが、大手飲料メーカーから依頼された自動販売機用のゴミ箱です。自動販売機を街に設置する場合、その隣にはゴミ箱が欠かせません。ゴミ箱を中心とした自動販売機周辺の環境美化は、メーカーの社会的責任とブランドイメージにも大きく関わる問題です。このゴミの回収やメンテナンスは、飲料を自動販売機に補充するルートセールスと呼ばれる方が行うのですが、どうやらこうしたスタッフの皆さんが回収しやすい仕組みのゴミ箱が今までなかったようなのです。

ゴミ箱は多くの人が使うのでさまざまな配慮が必要になります。例えば、ゴミ箱の上を平らにしてしまうと、通りすがりの人が関係ないゴミをその上に置いていってしまうので避けなくてはいけません。雨水が入り込んでもいけないので、その対策も必要です。また、今のゴミ箱は、コーヒーショップのトールサイズのカップがぴったりとはまってしまうそうです。それがゴミ箱の入り口を塞いでしまって次のゴミが入らなくなってしまう。結果的に周囲にゴミが散乱して、オーナーが困るというケースがあるということでした。重量が軽くないと扱いが大変だし、一方で強度や耐久性も必要です。

そして、一番の課題は、捨てる前に飲料の中身をカラにしない人が多い、というものでした。液体が入ったままのペットボトルがゴミの中にあると、その分別や処理に莫大な手間とコストがかかる。なので「飲みきってから捨てたくなるゴミ箱をつくってほしい」という、お題をいただきました。

利害関係者を整理

メーカーとしては、日本人はマナーが良いので、キャップを別に捨てられるトレーを作ればいいのではという考えだったようです。つまり、キャップを開けたまま液体を残すような捨て方はしないはずとのことで、キャップ置き場をどうデザインするかを議論のポイントとして挙げていました。しかし私は、実際にはもうひと工夫する必要があるのではと感じていました。

そこでまずは問題を根本から考えなおして一つひとつ整理するため、ゴミ箱にまつわる利害関係者は誰かを洗い出すところから始めました。それはメーカーと消費者、そしてゴミ箱のメンテナンスをするルートセールス担当者、さらには自動販売機のオーナーです。そして、この4者がゴミ箱に求めているのはどんな要素なのかをまとめて、図にしました。例えば、リサイクルへの啓発意識を上手に伝えられるゴミ箱があったら、それは消費者の関心を引きますし、メーカーにとっては環境問題に対する取り組みをＰＲするいいチャンス。また、ゴミ処理費用の削減ができれば、メーカーとルートセールス担当をする会社にとってはありがたい話です。

利害関係者をマトリックス化して、それぞれがメリットを感じられるような要素を抽出して、それを実現できるデザインとはどのようなものかを探りました。

ゴミ箱なのにゴミを受け付けない

ＣＧによるデザイン検討だけではなく、段ボールでワーキングモックを作って動作確認をし、最終的に３Ｄプリンターなどで細部まで作り込んだデザイン案が次から紹介するものです。ゴミ箱自体が盗まれないようにするにはどうすればいいか、また大量にゴミ箱をストックしても保管しやすいデザインとはどのようなものかを突き詰めたもの。ほかには、プランターになっていると周囲の景観を改善できるのではという案もありました。

メーカーのお題にストレートに答えたものも当然あります。絶対にペットボトルのキャップをはずさないと捨てられない仕掛けを作ってみたり、下にタンクを作って、液体とボトルを同じ穴に捨てつつも分別できるようにしようというものもデザインしました。

そのなかでも特に異色のアイデアで評価が高かったのが、21ページの案Ｆのデザインです。これは、ボトルに水が少しでも入っていると、バネを仕込んだ入り口のゴミ受けが開いてしまい、まるでシシオドシのように「ペッ」と吐き出すようにボトルを外に出してしまうというものです。

これは実際に実物大のモックアップを作り、バネの強さや動きまで検証したのですが、残念ながら現時点ではどのデザインも実用化はされていません。

これから東京オリンピックに向けて、異なる文化的背景を持つ人々がたくさん訪れるでしょう。そうしたなかで私たちの街をいかに美しく保つか。そんな観点からも、こうした新しいゴミ箱の提案はとても重要なのではないかと思っています。新しいゴミ箱の可能性はまだまだありそうだなと、そんな予感を感じさせてくれるプロジェクトでした。

利害関係者を整理してデザイン

消費者（左上）、メーカー（右上）、自動販売機のルートセールス担当者（右下）、オーナーの４者にそれぞれメリットのあるゴミ箱とはどのようなものか。各要素を書き出したあと、実際のデザインを行った

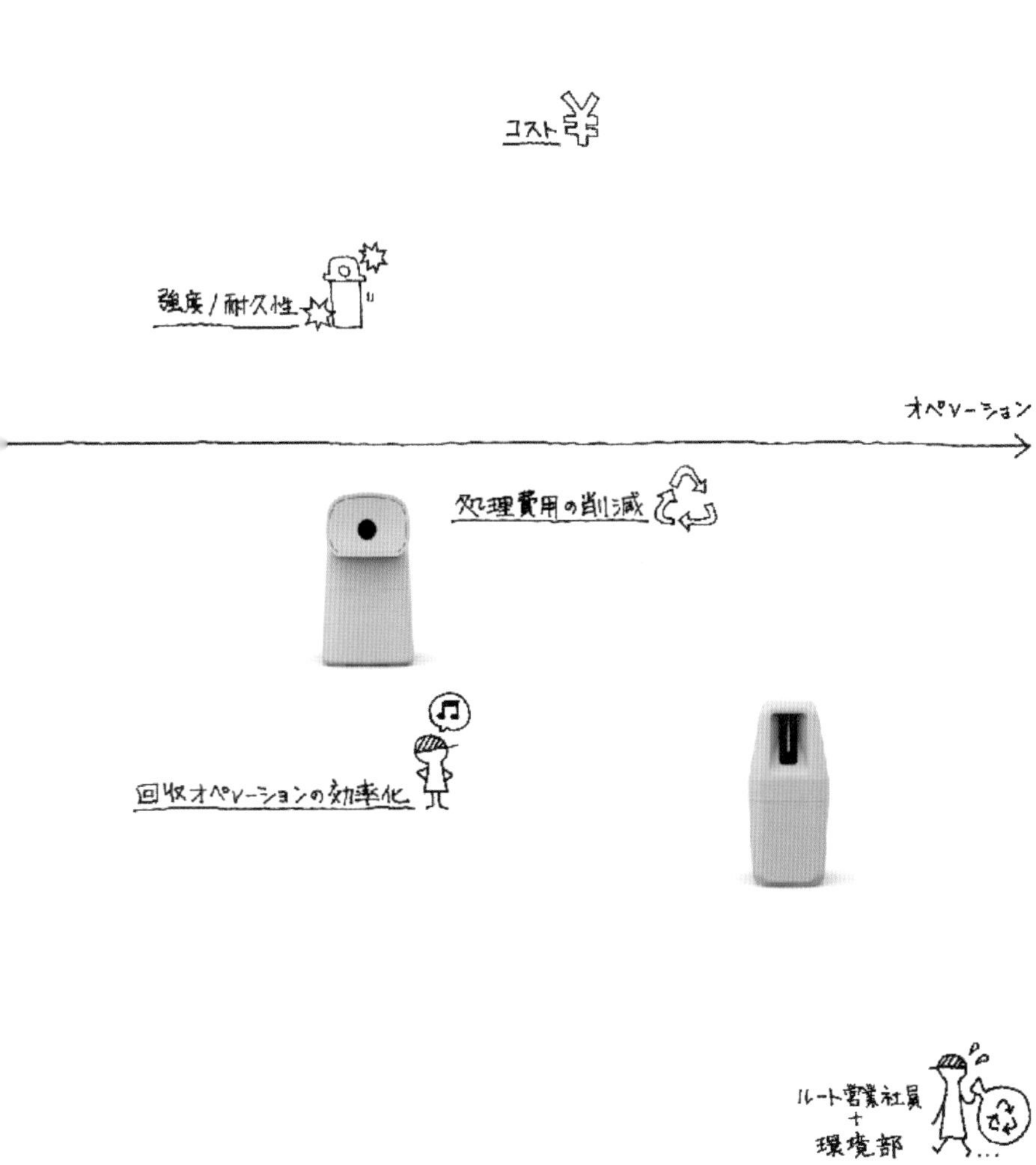

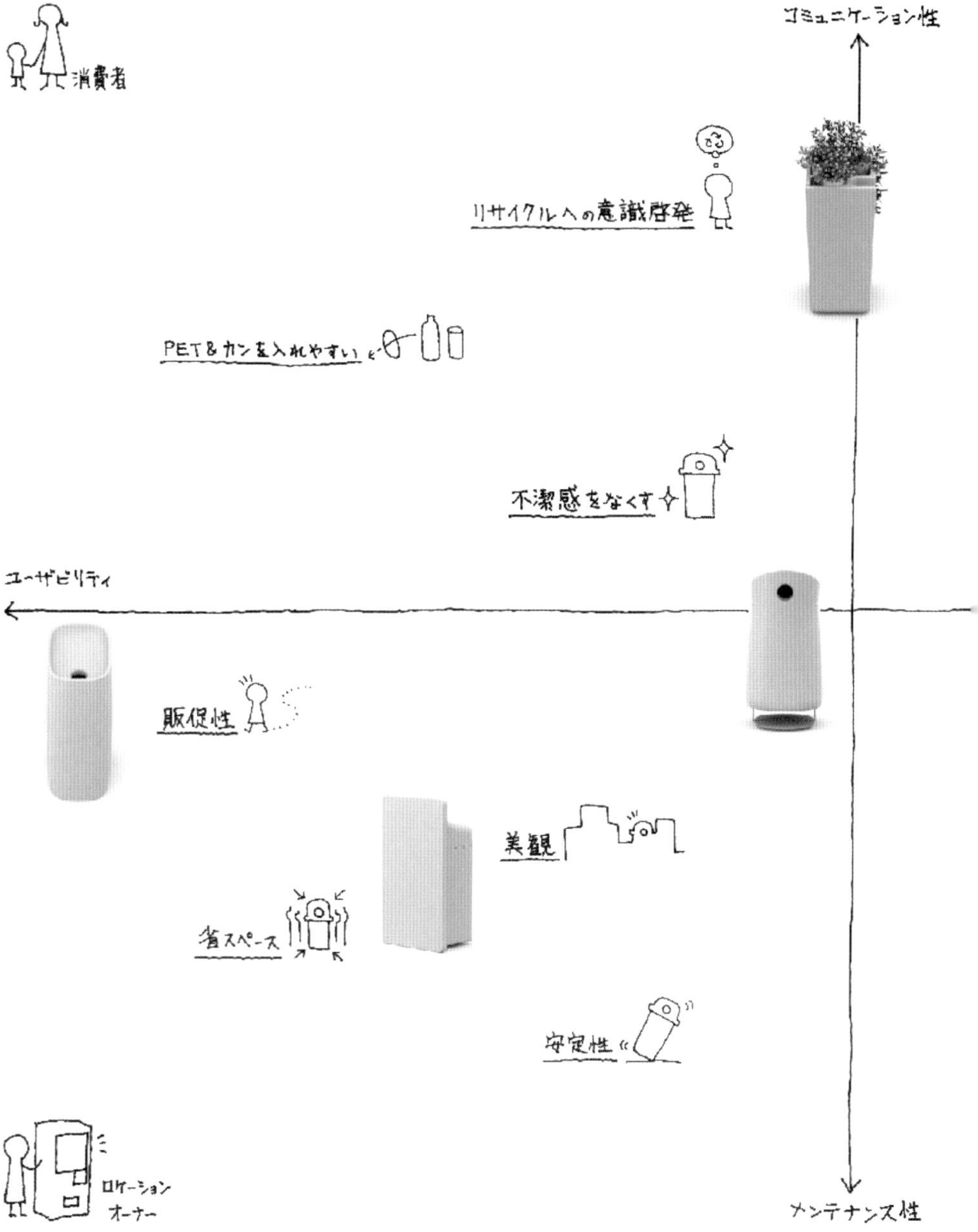

コミュニケーション性
消費者
リサイクルへの意識啓発
PET&カンを入れやすい
不潔感をなくす
ユーザビリティ
販促性
美観
省スペース
安定性
ロケーションオーナー
メンテナンス性

案A　かぶせるタイプ

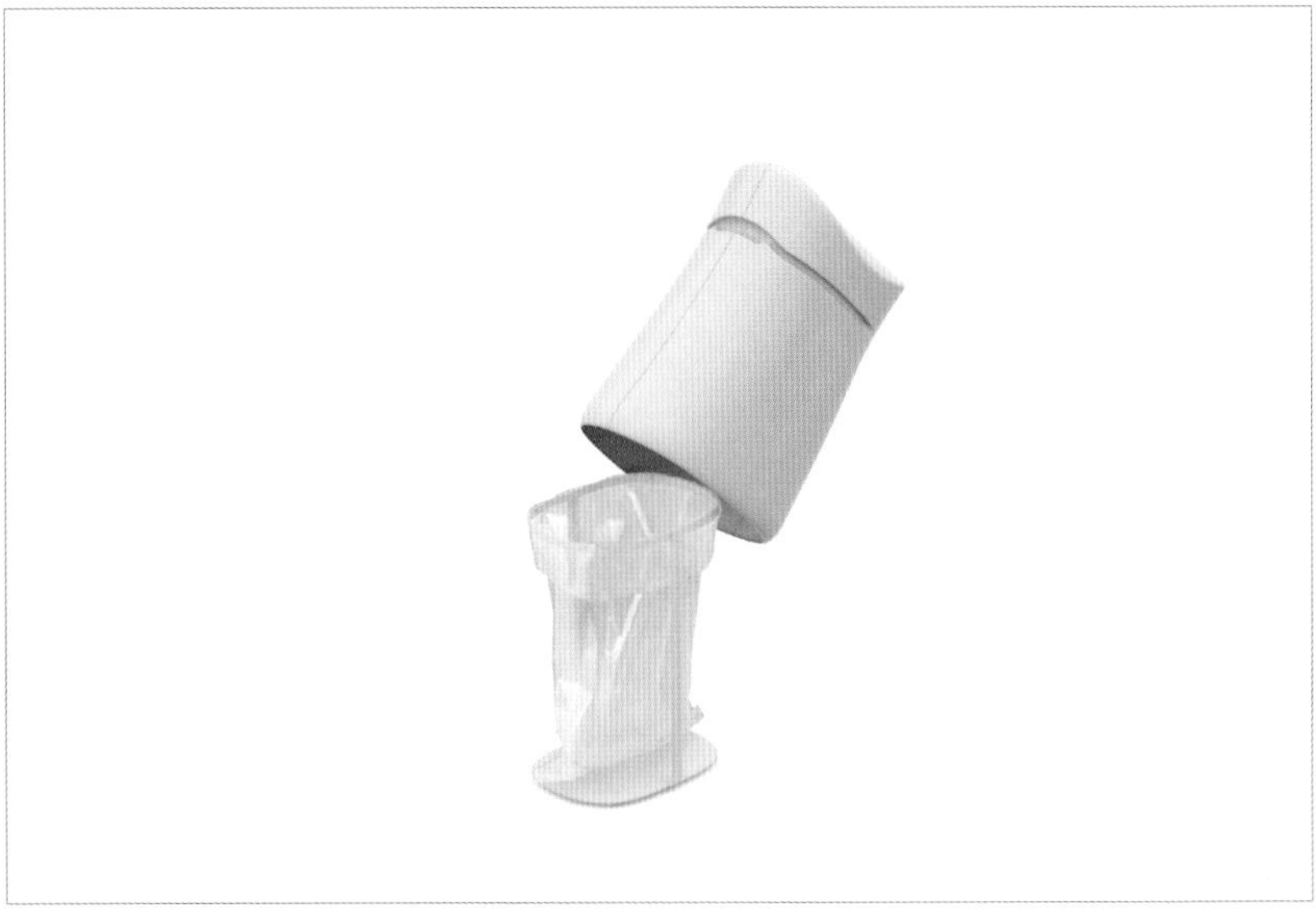

シンプルで盗まれにくい。そして保管しやすい

ゴミ袋を支えるフレームと、それを覆う樹脂カバーの組み合わせ。カバーも金属フレームもスタッキングできる構造で、保管がしやすい

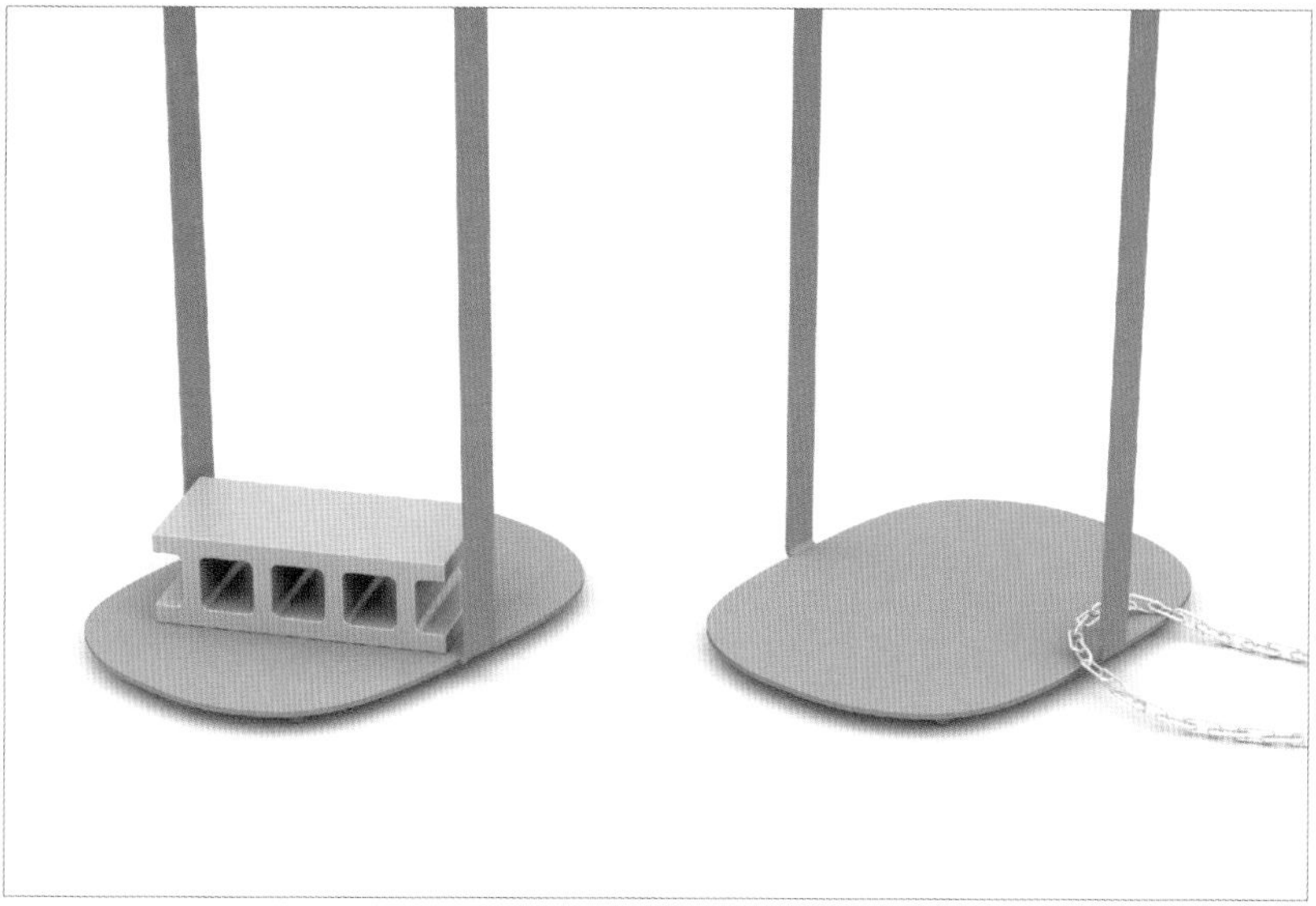

案B　プランター一体型

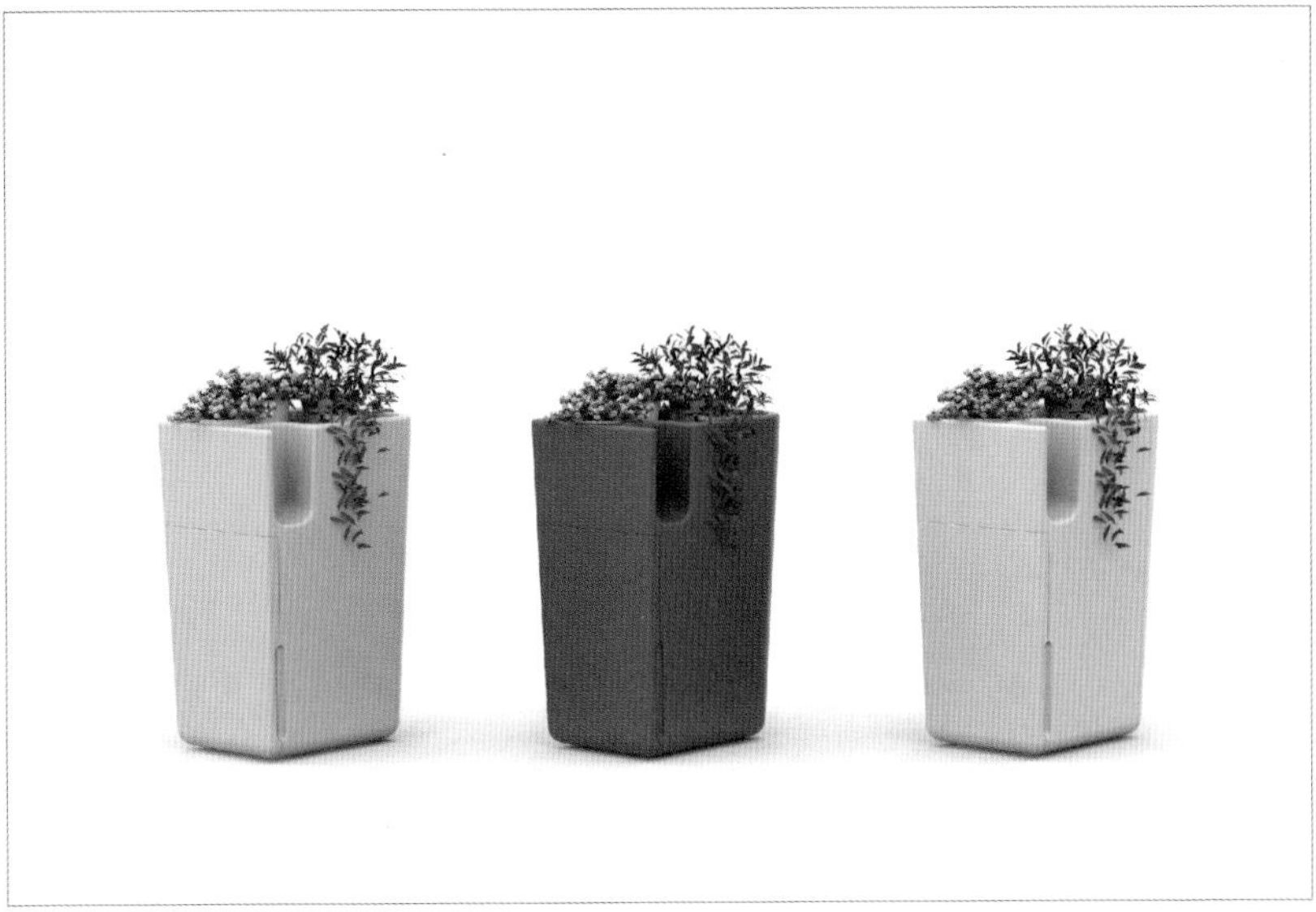

周辺環境の美化を狙ったデザイン

ルートセールスの担当者が水をやるなど、世話をすることができないかを問うた案

案C　絶対キャップを開けさせるゴミ箱

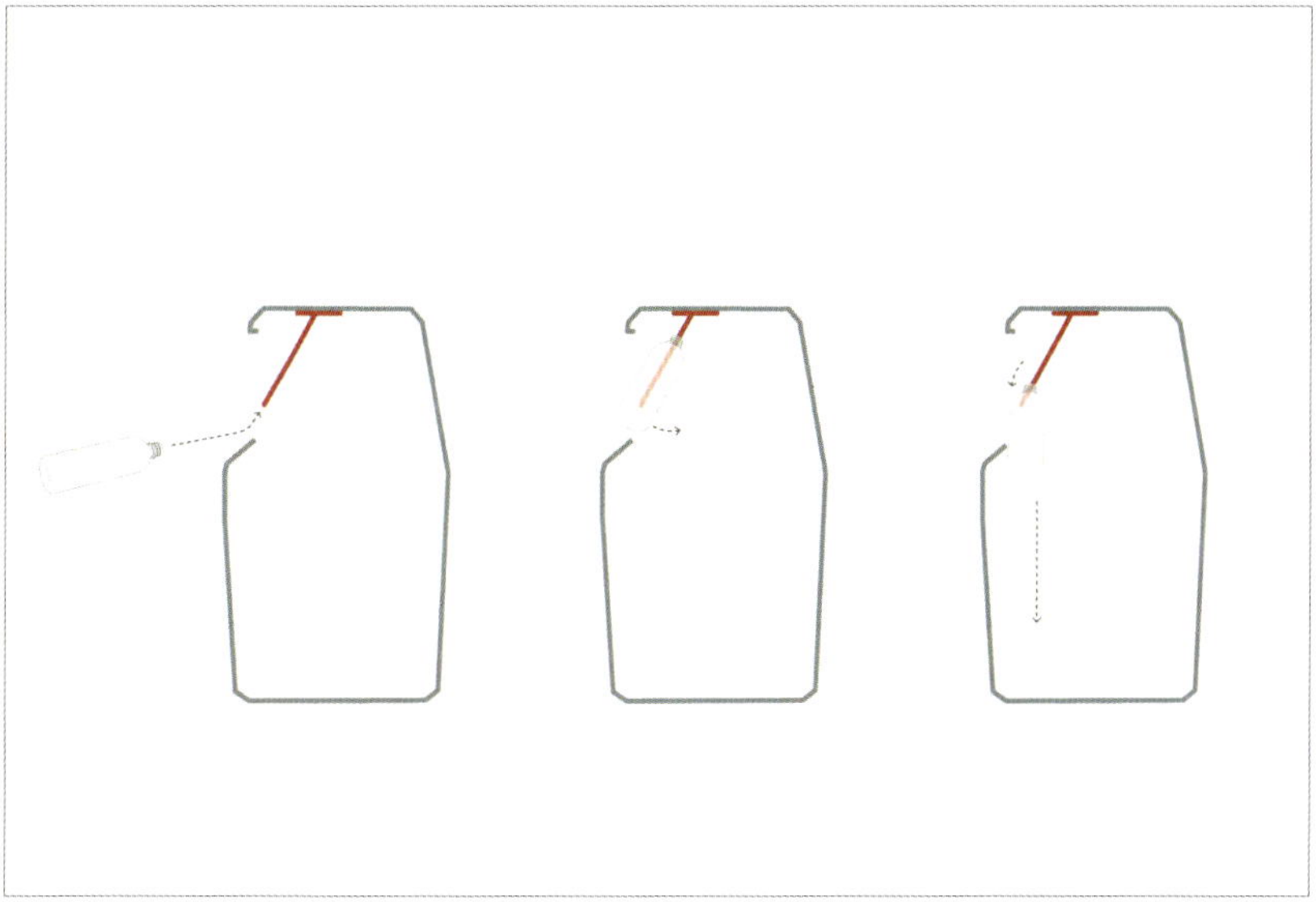

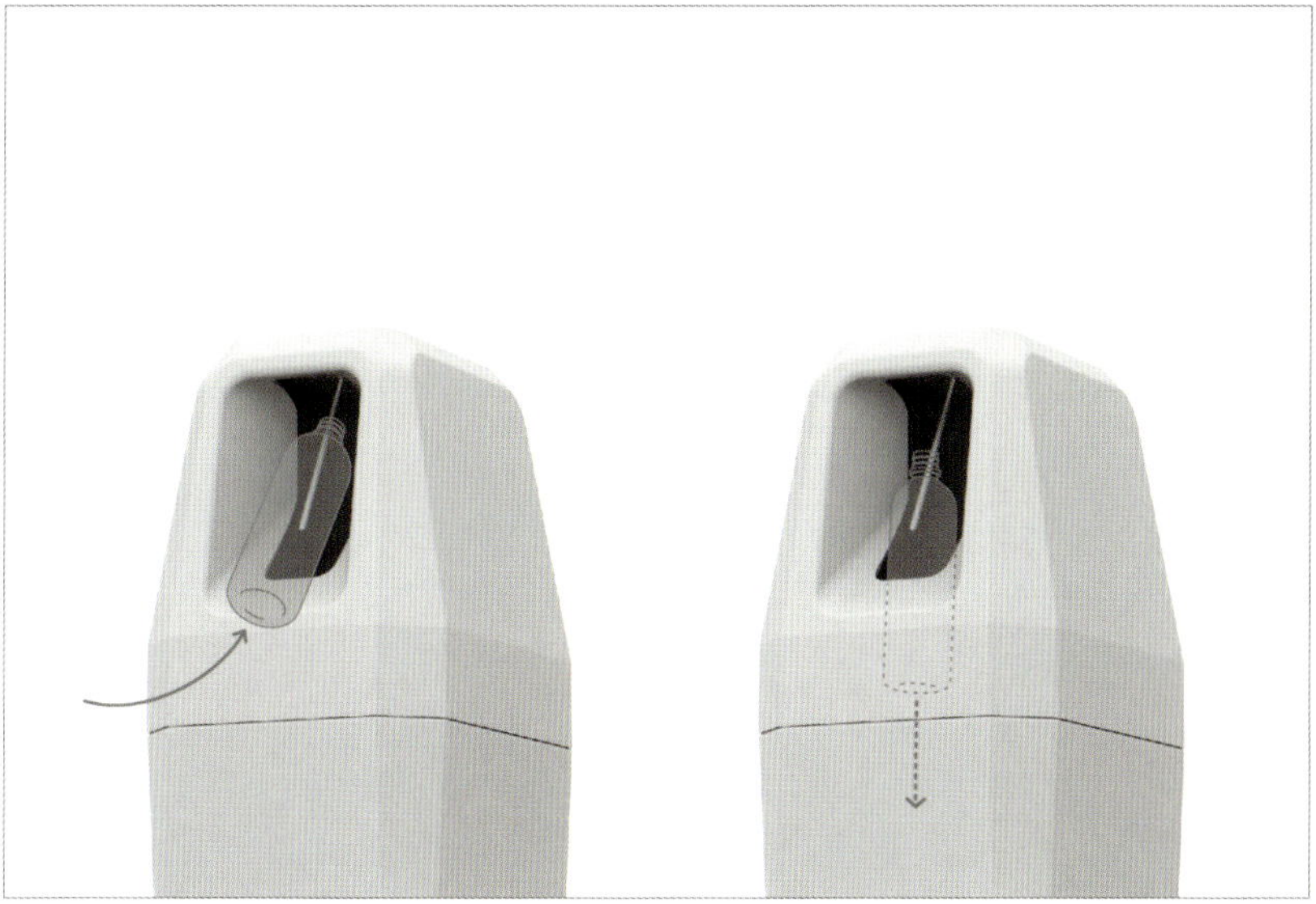

ポイントはつっかえ棒

絶妙な長さの棒が入り口真ん中にあり、ここにペットボトルの口を入れないと捨てられない仕組み

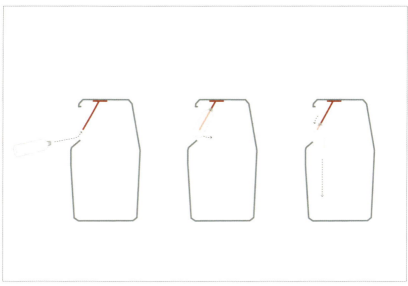

案D　液体とボトルが区別できるゴミ箱

液体は別タンクに

ルートセールス担当者が抱える一番の悩みである、ボトルと液体とが混ざる問題を解決した案

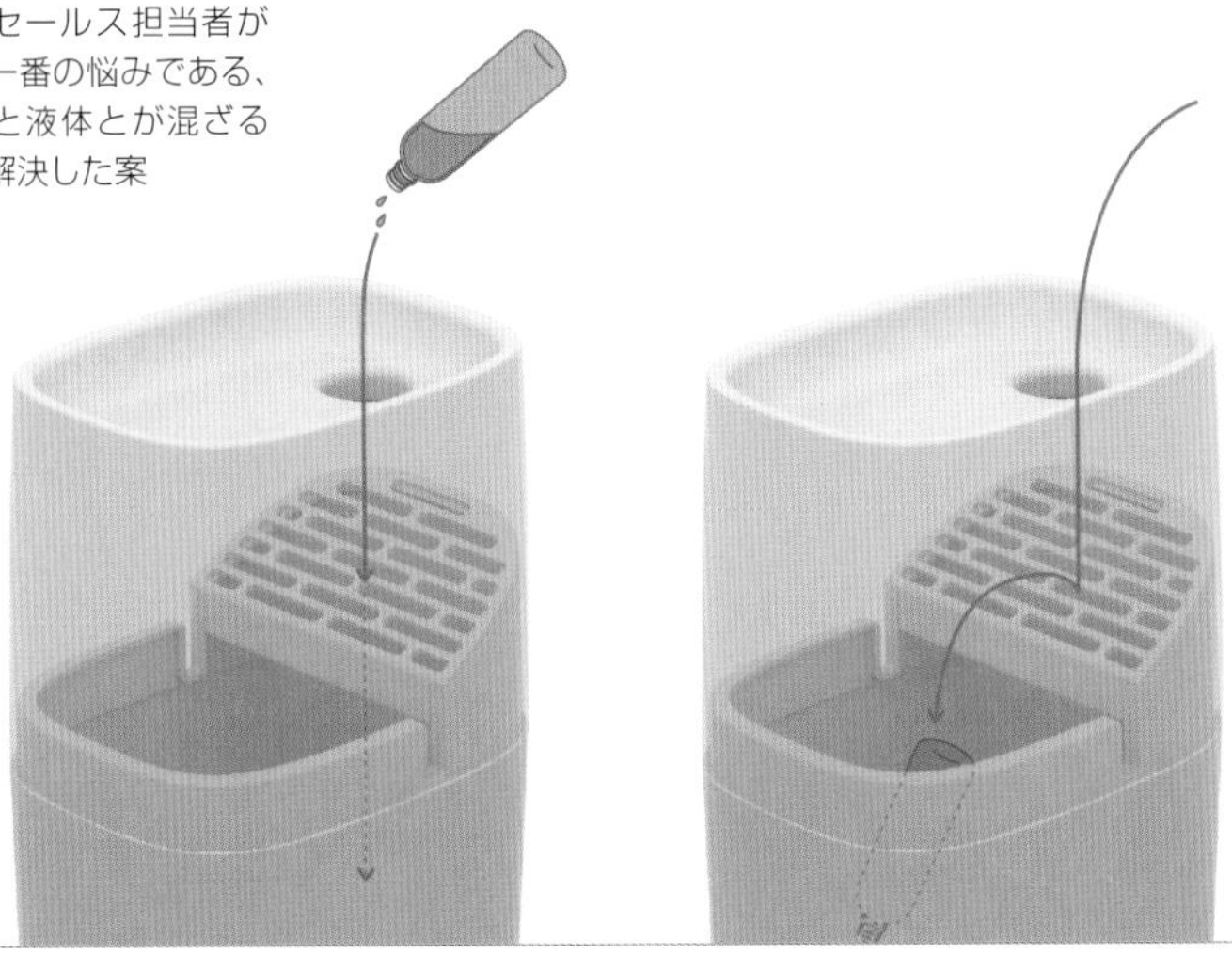

案E　サイズ可変型ゴミ箱

伸縮して大きさが変わる

自販機にもいくつかの巾があり、それにあわせて大きさが変えられるデザイン案

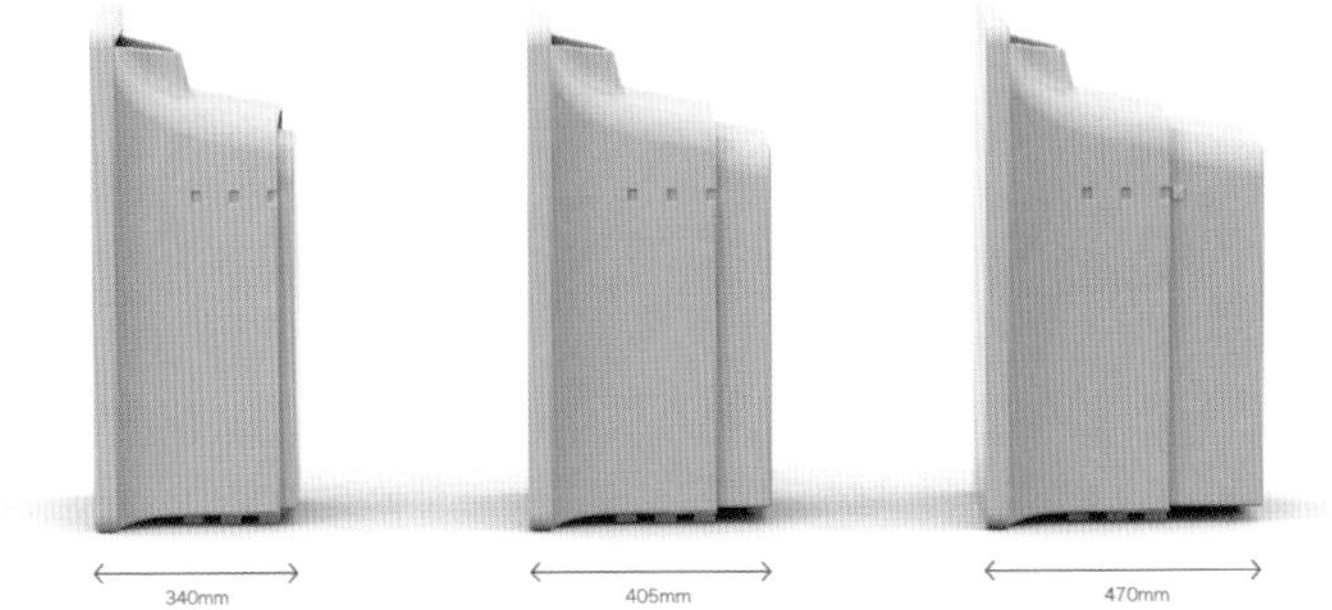

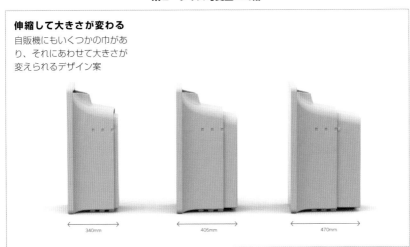

案F　吐き出すゴミ箱

さまざまな事情から、いずれの案も最終的な製品化には至らず

異色のゴミ箱

入り口のゴミ受けにバネの仕込まれた板があり、ボトルに少しでも液が入って重量があると、ペットボトルが吐き出されるように落ちる。動きの検証のため、実物大のモックまで作った　（写真：吉田明広）

ファーストプレゼン時のモックアップ

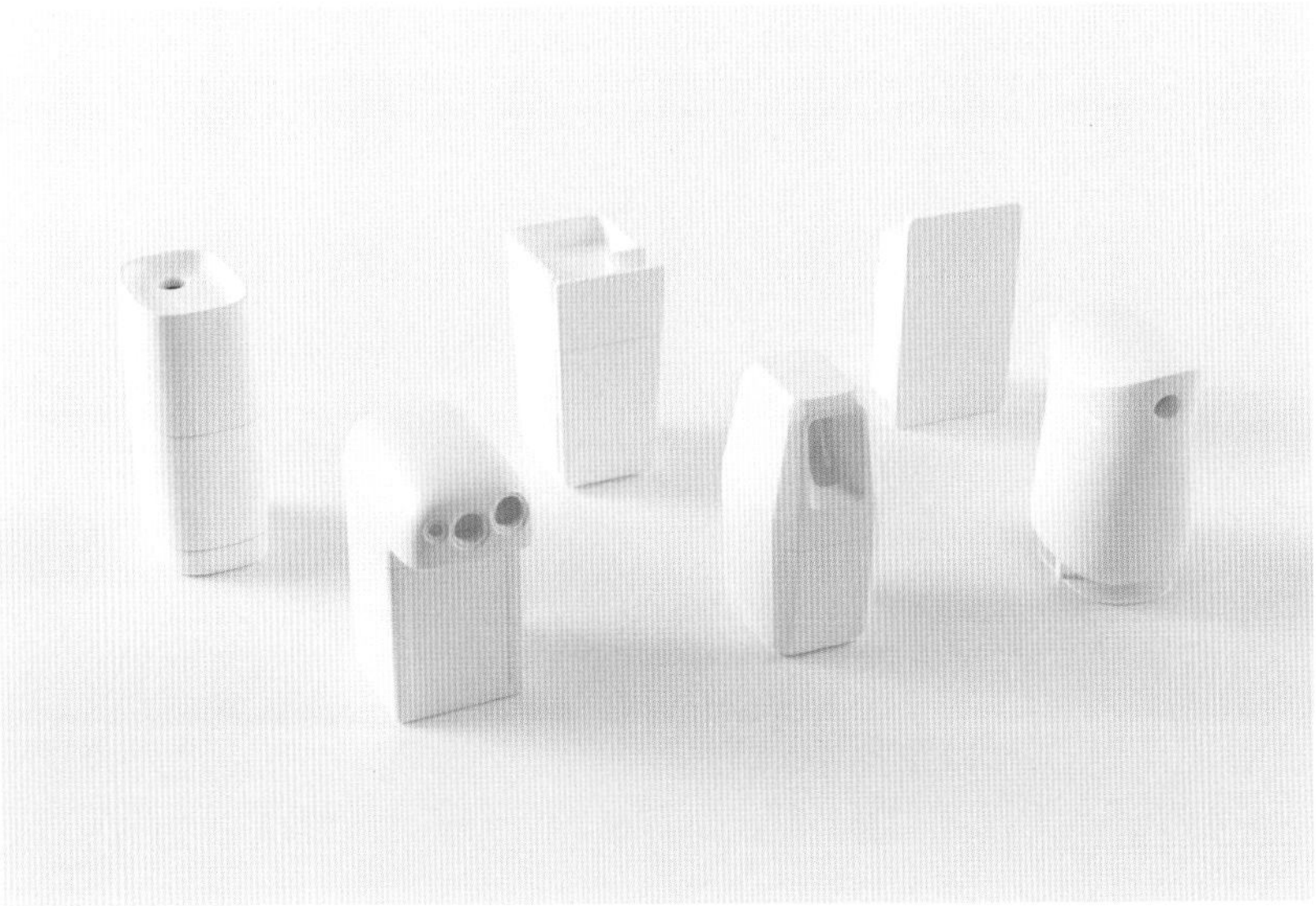

提案するのは「形」を超えたデザイン

私がデザインした事例として、多くの方々の目に触れる機会の多い商品の1つが、ロッテのガム「ＡＣＵＯ」かもしれません。私たち自身にとっても思い入れが強い商品です。

ＡＣＵＯは、２００６年の発売時からずっとパッケージデザインを担当しています。これまで貫いてきたコンセプトは「一歩下がる」というもの。店頭でセールスポイントを声高に叫ぶデザインが多いなか、あえて不要な要素をそぎ落とす。そのことが逆に商品を周囲から目立たせるきっかけとなり、さらに機能が直感的に伝わりやすいデザインになりました。その結果ＡＣＵＯは、発売直後、同社のガム製品ではかつてなかったほどの週間売り上げを記録したということでした。

ただし、国内のガム市場は、大きな市場変化の波を受けています。ガムの市場は年々落ち込み、代わりにミントタブレットと呼ばれる清涼菓子が市場で存在感を増すようになりました。特にアサヒフードアンドヘルスケアの「ミンティア」やクラシエフーズの「フリスク」に代表されるような商品。ガムは、噛むという行為を通じて集中力を高めたいときや眠気を解消したいときなどに食べられやすいですが、手軽に清涼感を求めたい時や口臭を解消したい時などはタブレットの方が使い勝手が良いという人もいます。

そうした中でガム市場で圧倒的なシェアを誇るロッテも、ミントタブレットを無視できなくなってきました。この市場で、新しい起爆剤となる商品を開発できないか。一緒にアイデアを考えたいという依頼をいただきました。

食べる「体験」をデザインする

こうした状況で私たちが提案したのが、タブレットを持ち歩き、取り出して食べるという行為そのものを楽しめるような商品のデザインでした。デザインした当時に競合を調べたとき、パッケージングという観点では、どの企業もまだ新しい試みをそれほどやっていませんでした。そしてロッテの強みとして、味が途中で変化したり、2つの味を合成するといった、味にかかわる高度な技術を持っているのを過去のプロジェクトを通じて知っていました。そこで、食べる体験や食べる楽しみというところをパッケージやミントタブレットそのもののデザインから訴求できないか考えたのです。

今回の提案ではどのデザイン案でも、これまでのタブレット菓子とは全く異なる使用体験を提供すべくさまざまな工夫を凝らしました。ケースから粒を取り出す時にパキッと板を割るようにしてひねる行為が爽快に感じてもらえそうなパッケージデザイン。そのほか、中身の粒の数に応じてケースのサイズを変えられるモノや、シーソーのように片側を押すと取り出せるという新しい構造のもの、チューブ容器を採用して、売り場で目立つパッケージ、などなどです。

また、1つのケースで2つの味を楽しめたり、2つの味を合わせると清涼感がアップしたり味が変わったりといった仕掛けまでも含めてアイデアを出しました。味によってタブレットの粒そのものの模様や凸凹を変えるなど、食感にまで気を配ったデザインを展開しています。さらには店頭での見え方もCGを使ってシミュレーションをして、売り場でほかのブランドとの差異化をどう図るかというところまで提案しています。

これらの中で、チューブ型のパッケージが高い評価を得ました。ロッテはこのパッケージをベースに、20代から30代の若い女性向けのキャンディを開発し、2014年末に北海道でテスト販売を実施。チューブから小粒キャンディが出てくるという新しい使用体験が好評を得て、現在全国販売に向けてさらに改良を行っているところです。

デザインと聞くと、多くの方が色や絵や形だけといった表層のものを想像するかもしれません。しかし私たちが提案するのは、「消費者がそのデザインを通じてどんなワクワクした体験をするか」というもの。デザインは従来の枠を広げて活用する必要があると感じています。

案A　サイズ可変型

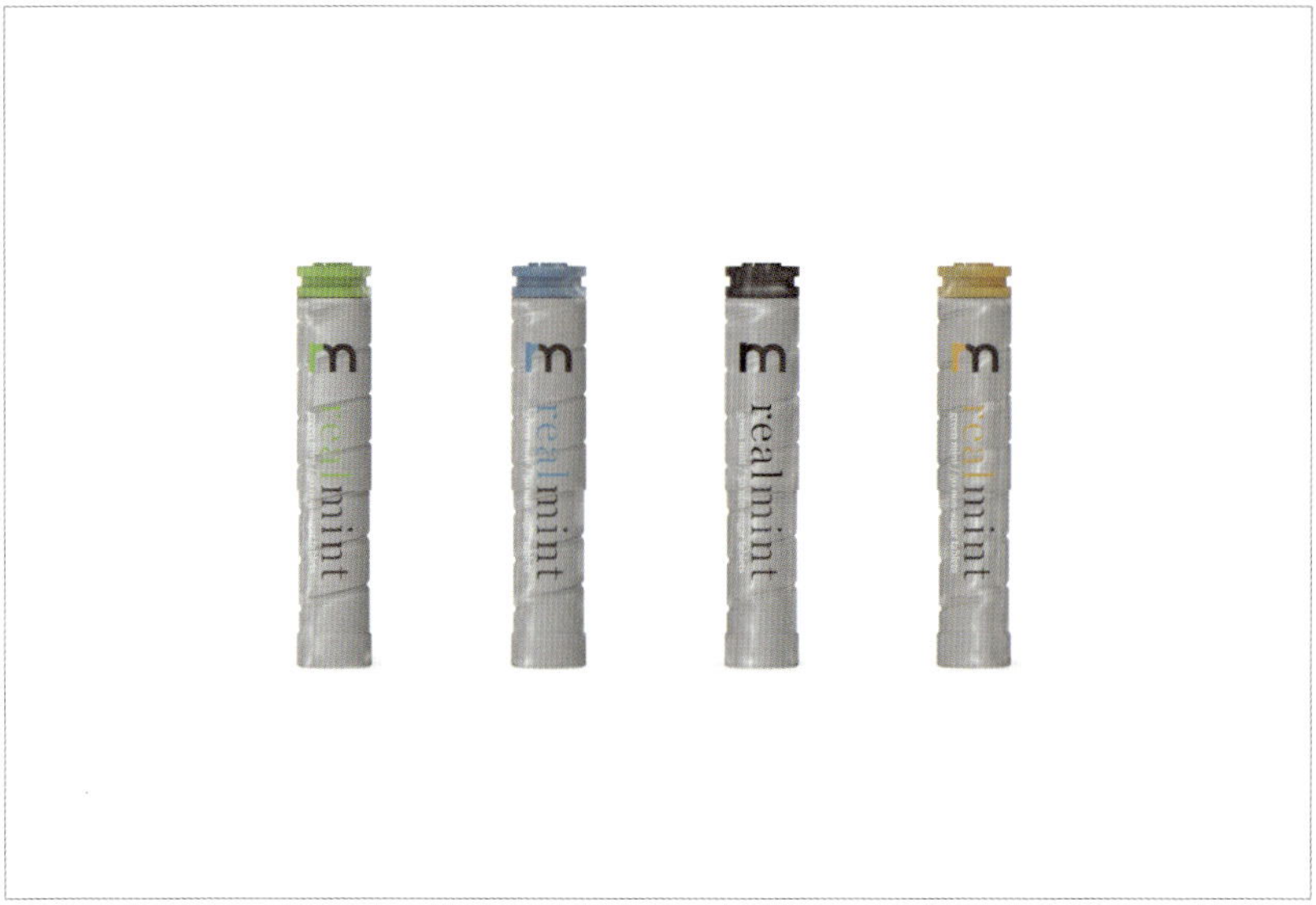

可変型パッケージ

筒状のパッケージをひねることでサイズを変化させられ、食べた数に応じてどんどんとパッケージを小さくできる。小さくすることで隙間をなくし、カラカラという音をなくす工夫でもある。縦型のパッケージは、陳列時にライバル商品と比較して目立つ

案B 「割る」快感を実現

2色の味が楽しめる

板をひねるようにして割り、そこから2色のタブレットが取り出せる。パキッと割る感覚の楽しさを訴求した

案C　時間で勝負する

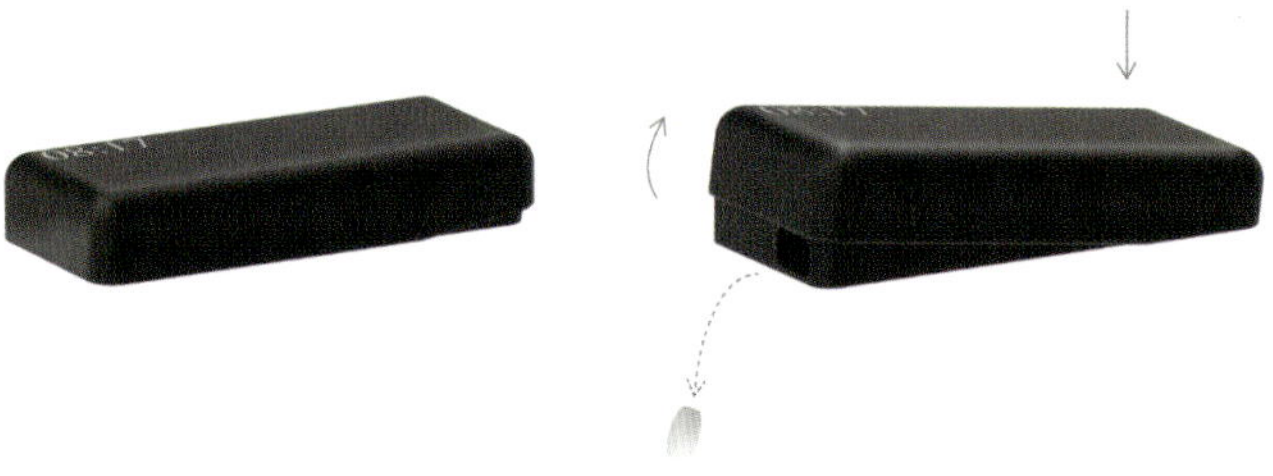

時間と味の関係をグラフィックに

丸みを帯びたケースで、押してタブレットを取り出す形のパッケージ。朝は爽やかなミント、夕方はデートの前に、15時はおやつ代わりとして、深夜には眠気を覚ますための刺激の強い味など、時間に応じた食用シーンを設定。ライバルがひしめくなか、限定した時間の局地戦を狙った案

案D　2つの味を楽しむ

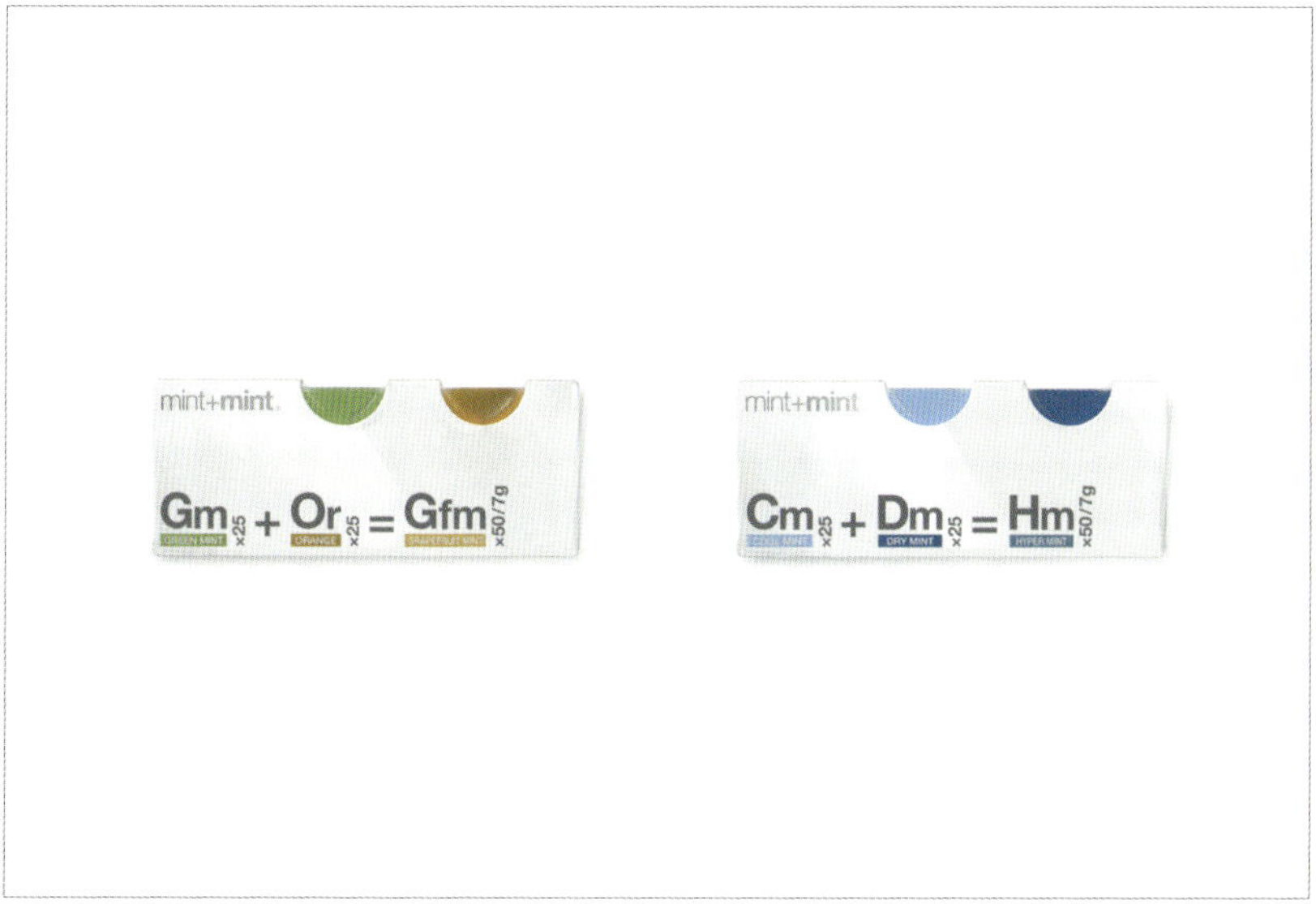

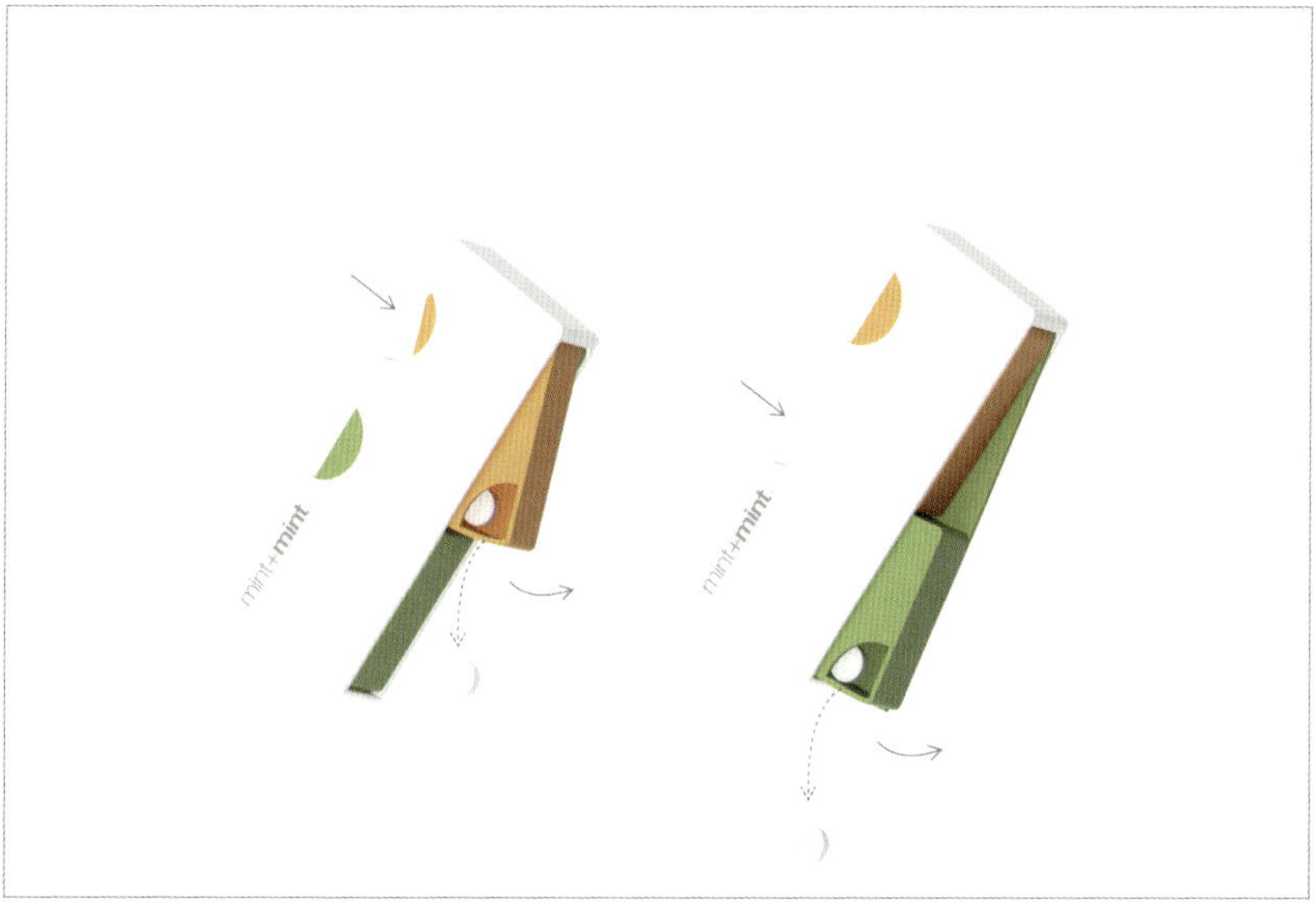

2つの味を組み合わせて楽しむ

2種類のフレーバーが1つのパッケージに分かれて入っており、オレンジとグリーンミントを一緒に食べるとグレープフルーツ風味に、別々のミントを一緒に食べると刺激が強めになるなど、フレーバーの変化を楽しめる提案

案E　外と中身が同じデザイン

開いて取り出すパッケージ

半分に開くと、左右からタブレットが出てくるデザイン。ミントの刺激の強さに応じて、タブレットの葉の数が異なる点をパッケージとタブレットの両方で伝えた。パッケージと中身の連動性を意識した

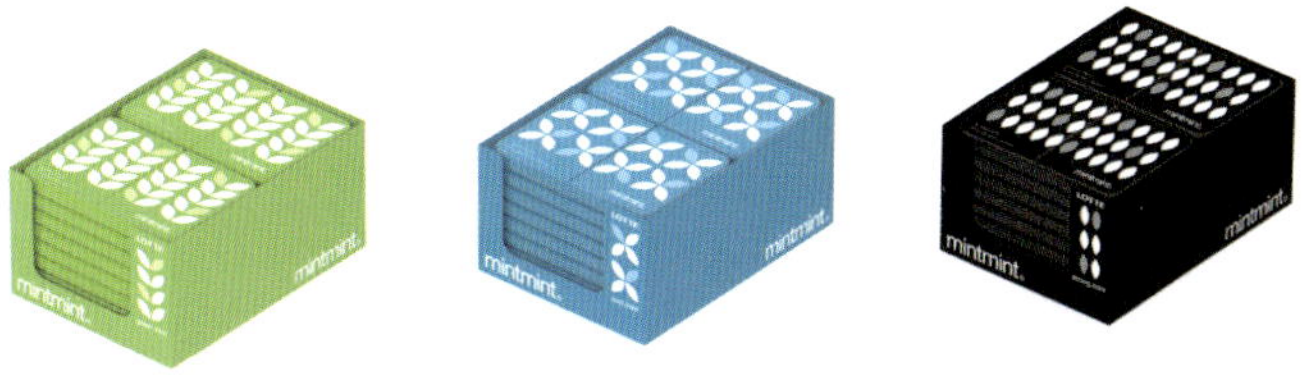
mintmint.
mintmint.
mintmint.
mintmint.
mintmint.
mintmint.

案F　縦置きすることでで目立つ

チューブ型パッケージ

POPの使い方も含め、まるでハンドクリームのようなパッケージ。持ち運ぶときも、置いて使うときも、どこでも馴染むデザインに。やわらかいチューブなので、カラカラと音がしないのも特徴。店頭でのインパクトはほかのどの案よりも大きい

ほかのメーカーの商品と並んでもひときわ存在感を放ち、生活のさまざまな場所においても違和感なく溶け込むデザイン

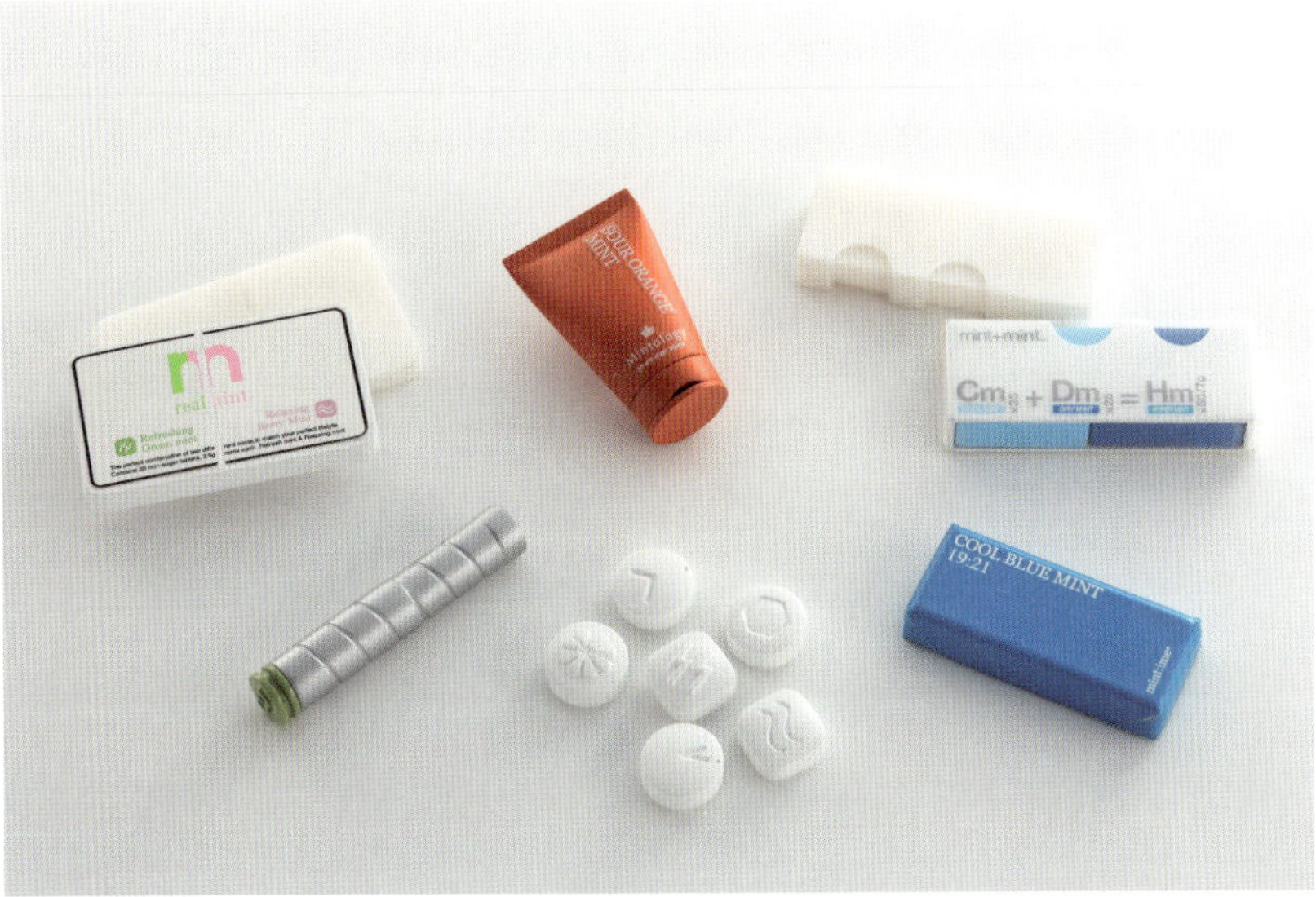

パッケージからタブレット形までデザインして3Dプリンターなどを使って模型を制作した

完成形

パッケージデザイン最終案

2014年11月、Bcan（ビーキャン）と言う商品名で、20代から30代をターゲットにしたキャンディとして発売。現在、全国展開に向けて改良を行っている　（写真：山崎彩央）

1・5倍の価値をデザインでつくる

複数の案を出すこともあれば、これぞという1案に絞ったデザイン提案をするケースもあります。そのときは、1案をいろんな角度から見せてアイデアの広がりを伝えるようなプレゼンを行うよう心がけています。

なかでも、印象に残っている案を紹介します。それはレタスのデザインです。いま、さまざまなメーカーが、工場の「クリーンルーム」で野菜を生産するという試みを行っています。LEDの光源を使うのが特徴で、その野菜の特長は「無農薬で、洗わずにそのまま食べられること」です。ほぼ無菌状態で育つわけですから、常温での長期間の保存も可能。ただし、価格は通常の約1・5倍とやや高額になってしまうということでした。そんななかで育ったレタスのパッケージをデザインして、ひいては新しい売り方を提案してほしいという依頼を、あるクライアントから受けました。

「洗わずに食べられる」という特徴だけで、通常の約1・5倍の値段を付けるのはおそらく厳しいでしょうから、デザインを活用してさらなる価値を提供する必要があります。そこで、まずは食べ方という面からのアプローチを考えてみました。例えば、レタスを野球ボールくらいのサイズに縮小することで、結果的に味や栄養価を1・5倍に凝縮させるというアイデアです。

そう考えてイメージしたのが、りんごをかじりながら歩くような海外の習慣でした。それをレタスに当てはめてみればいいのではないか。「朝、コンビニや駅などで購入して、小腹がすいたらそのままかじる」という、今までにないライフスタイルを提案できそうです。また、丸かじりのイメージを強調することで、レタスを洗わずに食べられることも同時にアピールできます。

そこでまずは、そのレタスをいかにおいしそうに、魅力的にみせるかということに気を配りました。レタスの魅力は、やはり口に含んだ際の食感でしょう。そこで、「シャキッとした食感」「フワッとした食感」という2種類のタイプを作り、器のデザインにもそのイメージを反映させると面白いのではないかと考えました。ネーミングも、「丸かじりレタス ハード／ソフト」などにすることで、2種類の違いをより分かりやすくアピールできるよう工夫しました。

同時に、店頭にディスプレイした際のたたずまいもデザイン。例えば、容器の形を工夫してフックでも棚でも陳列できるようにすれば、スーパーやコンビニ、キオスク、自動販売機などさまざまなシーンに応じた陳列が可能になります。

ところが、結局はこうした実の詰まったレタスを育てるには温度や照度の調整のためにかなりのエネルギーが必要とのことで、最終的にはこのアイデアをベースにコンセプトをゼロから組み直し、新たなプロジェクトをスタートさせることとなりました。

レタスのサイズからデザイン

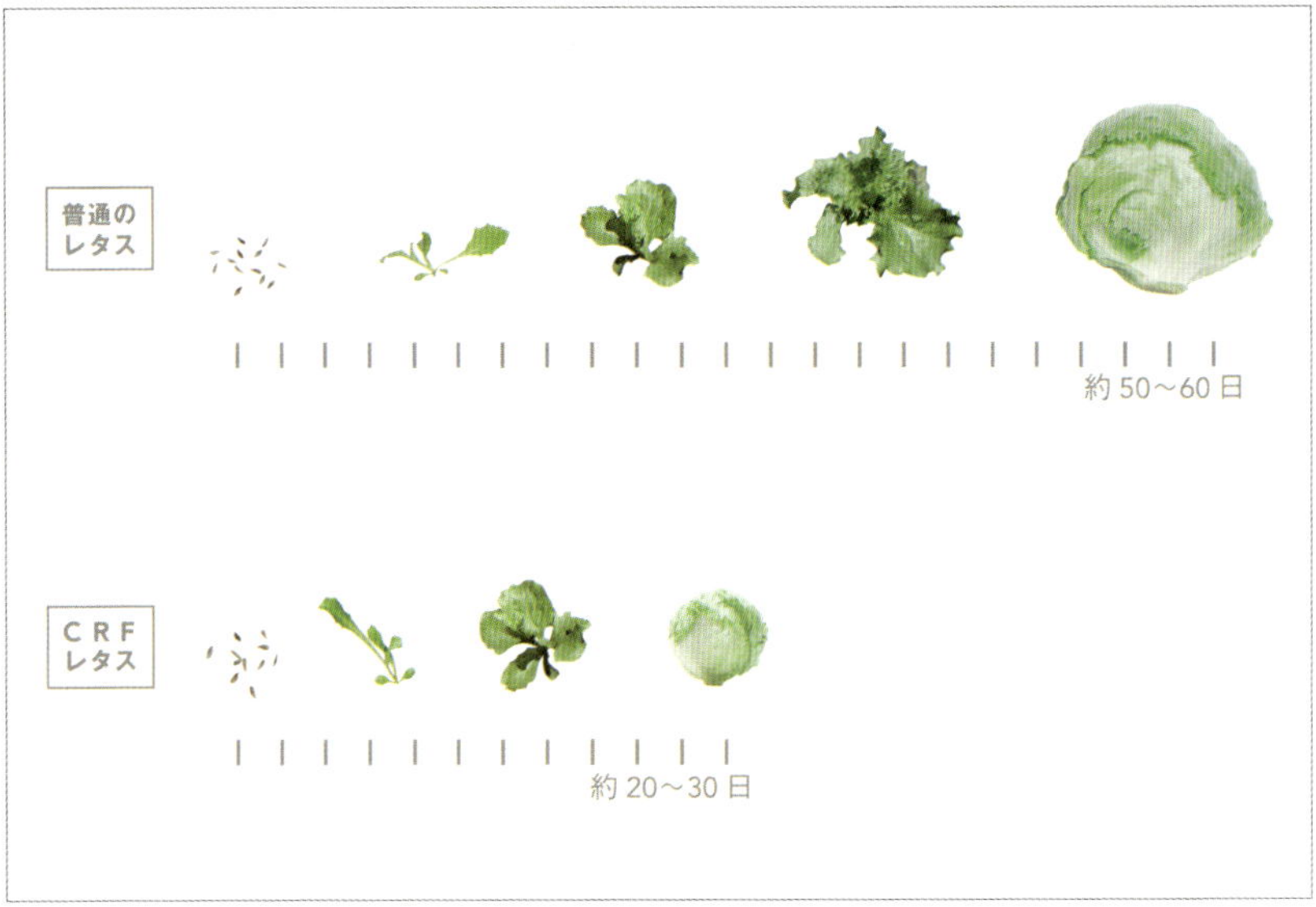

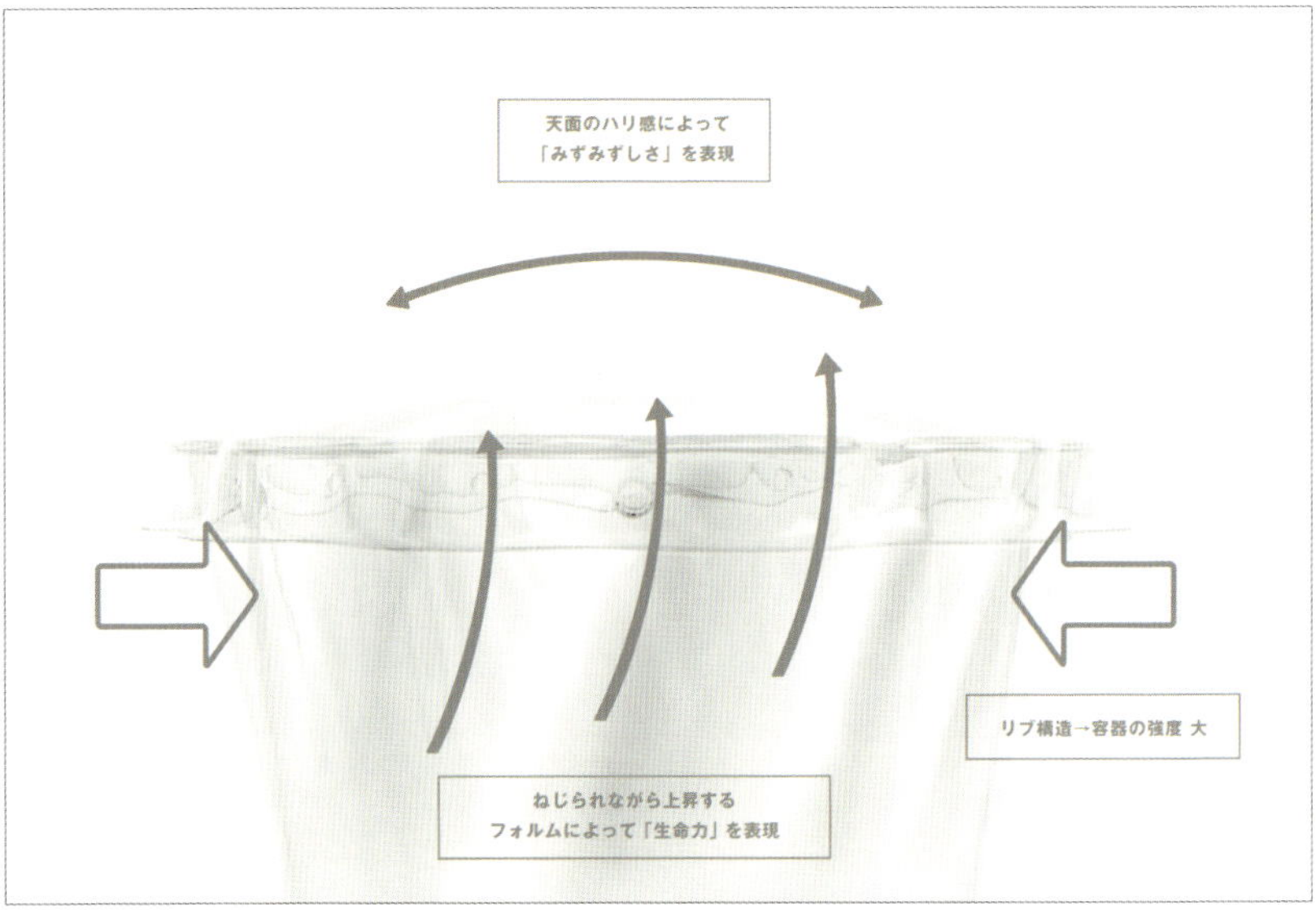

クリーンルームでレタスを凝縮させて育成し、それを小型のパッケージにつめる

機能性もデザインで提案

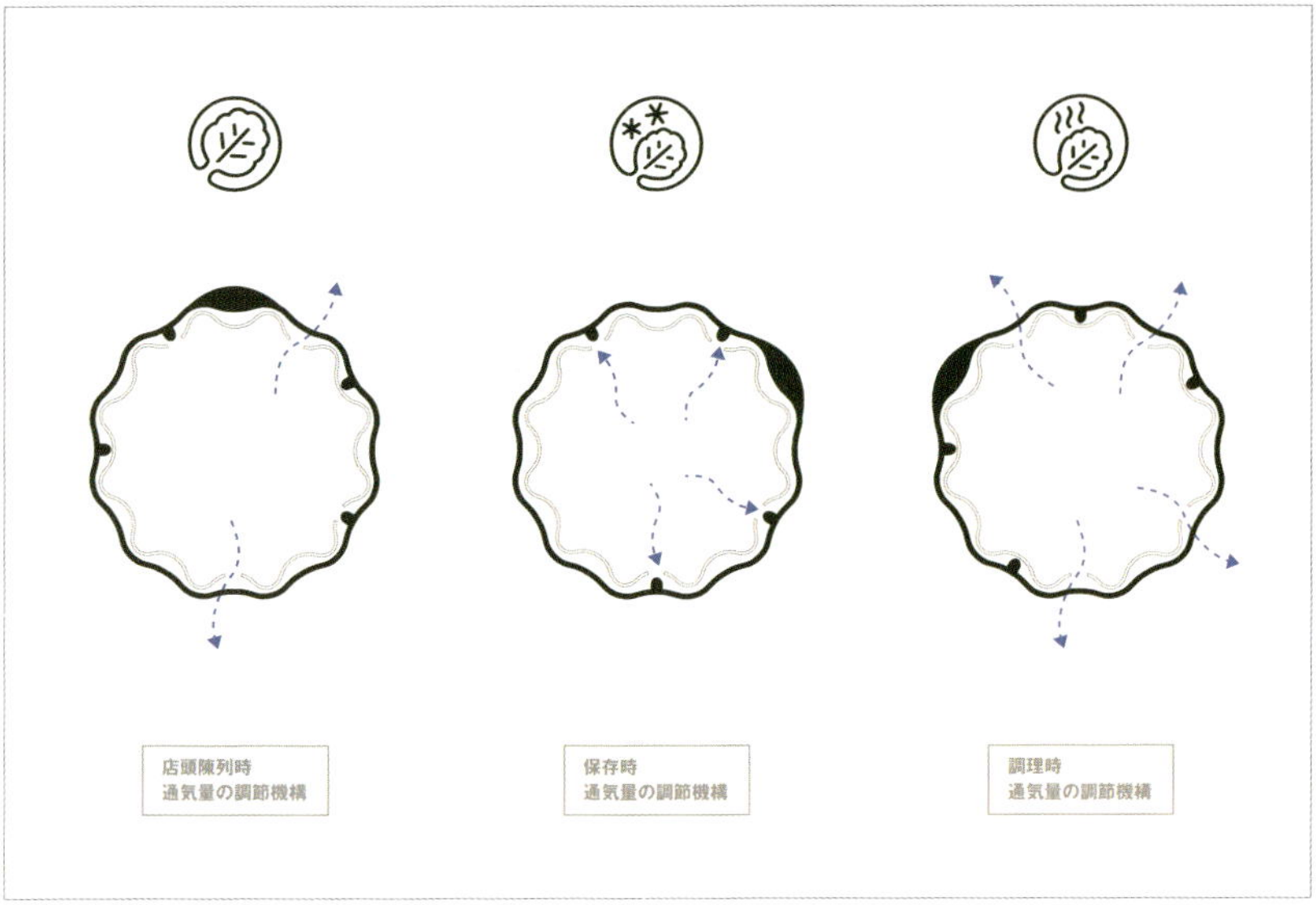

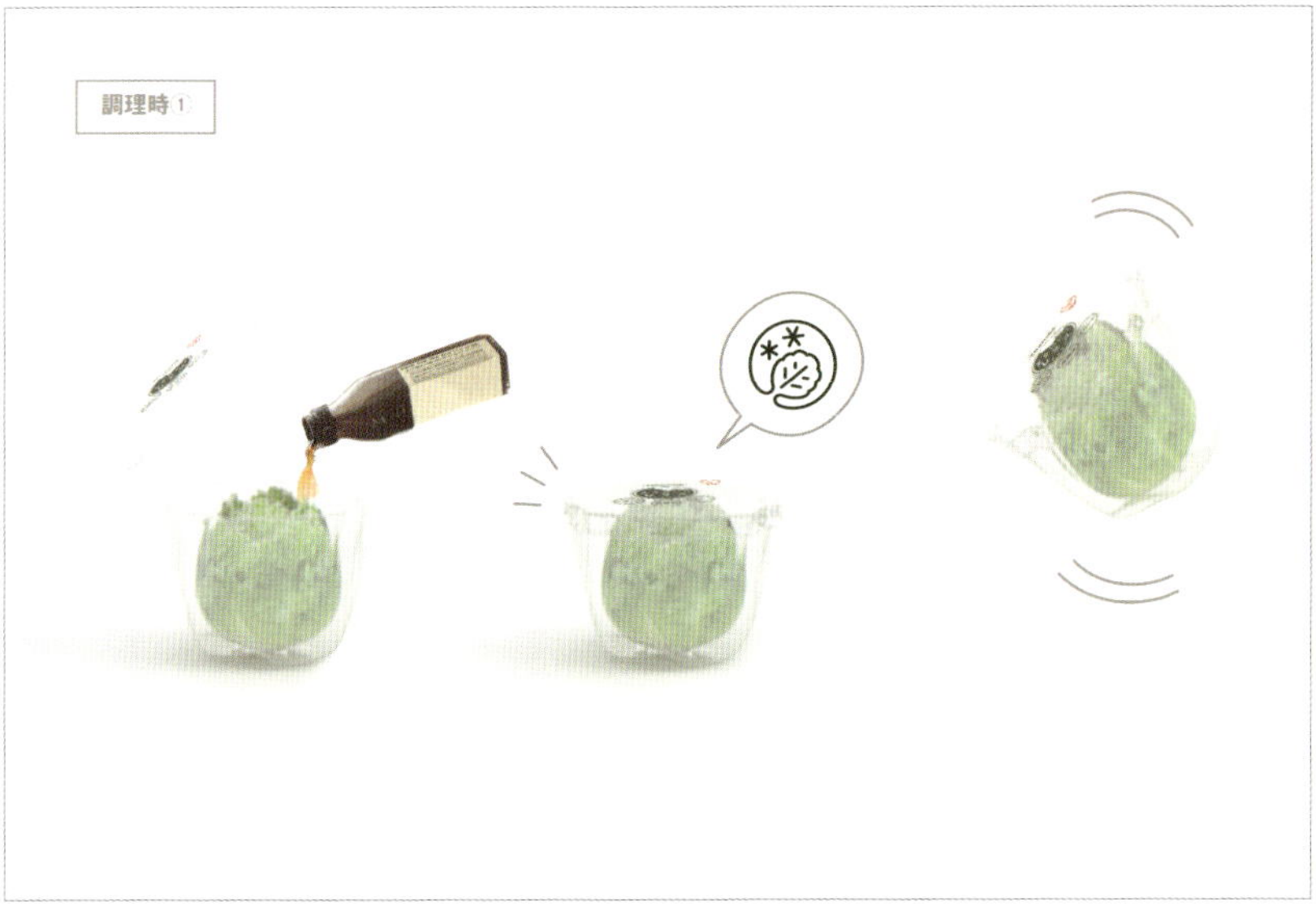

ふたは通気性の調整ができ、ふたの角度を変えると少し通気して店頭に陳列したり、密封して冷蔵庫で保存したり、ドレッシングをかけて振ったりというように、使い道を変えられる

店頭での陳列イメージまで提案

味を凝縮させた野球ボールサイズのレタスは、作るのにコストがかかる

レタスは触感に応じて2種類を用意。下は店頭の陳列イメージ。常温で長期保存できるため、カップラーメンの横やキオスクなど、さまざまなチャネルで販売できるようになる

容器底には、かじった様子をイメージした切欠きが。切欠きを底面にすることでななめに陳列でき、店頭でのアピールがしやすくなる

第2章

未来を導く
ボツ案

ボツを推進力に変える

最近、デザイナーとしての私の仕事が大きく変わりつつあるのを感じています。かつての仕事は、ターゲットがこの層で、価格帯がこのくらいで、こういった素材を使ったコップをデザインしてほしいといった、具体的で指示が明確な依頼から始まるものがほとんどでした。しかしいま私に依頼されるのは、もっと抽象度が高い仕事。「自社商品の売り上げを増やしたい」「もっと自分達の会社のことを多くの人に知ってほしい」「自分達の得意な技術を生かしてなにか新規事業を立ち上げたい」といったものです。

既存のビジネスの慣習が通用しにくくなり、事業の先を見通しにくい。そんな現在のビジネス環境のせいもあるでしょう。企業の多くはその漠然とした問題を目の当たりにしながらも、具体的に何をしていいのか分からなくなってきているようなのです。

そうしたなかでの私の役割は、問題解決までの道筋を提示しながらデザインで解決策を提示することです。その道筋や解決策は当然1つだけではありません。短期間で目標を達成したいのか、長期的な視野から段階的に目標に向かうのか。ライバル企業と正面切って戦うのか、それとも誰もが気付いていない新たな市場を見出して開拓していくのか…。その方向はさまざまで、企業がどのような経営戦略を取るかによって、提案するアイデアやデザインは全く異なってきます。

つまり、経営判断の手助けをさせていただくことになるわけですが、そのときに気を付けているのが「極端に方向性の異なる案を多角的に提案する」ことです。提案の数はその時によって異なりますが、例えば攻めるならどこまでも挑戦的な案を。逆に守るのであれば、徹底的に安全なオプションを提示するのです。できるだけ振り切って、戦略に応じた商品やパッケージ、インテリア、そしてコミュニケーションをデザインする。当然「捨て案」などあろうはずもなく、目指すのはもちろん、いずれの方向性においても「ベスト」な案。クライアントがどの案を選んでも後悔しないクオリティーです。

デザインをボツにする覚悟

このように方向性がはっきりと異なるデザインをいくつも提示されると、どの案を選んで、どの案を「ボツ」にするのかという選択そのものに、クライアント企業は相当な整理と覚悟が求められるようになります。はっきりと方向性が分かり、成果が見えるからこそ多くの議論を生み、多数の案をボツにして1つの方向性に絞り込むなかで「せっかくやるなら、ここまでやらないと意味がない」と思ってもらえるほどの覚悟にかわるのです。

1つの方向性に絞られた案は、意志を固めたメンバー全員で磨き上げられることでより切れ味を増し、プロジェクトの成功率を高めます。つまりここで重要な役割を果たすのがこのプロセスで切り捨てられたボツ案。これらはいわば3段式ロケットのブースターエンジン。クライアントが抱えていた迷いを断ち切り、プロジェクトを前に進ませるには不可欠な案なのです

多くのアイデアを生み、同時に数多くのボツ案を生み出しながらアイデアやデザインを絞り込み、1つの案の質を高めていく。私がクライアントとともに進めるこうしたデザインプロジェクトのプロセスには、さまざまなパターンがあります。ここからは、各企業がいかにしてボツを活用しているのか、それを類型化しながら紹介します。まずは直近のプロジェクトを例にそのプロセスの1つを解説。これはいわば「レイヤー型」のボツ活用で、複数にまたがる事業組織を束ねながら新規事業を創造する、そんな時に役立つボツの活用法です。

部門を横断した提案で新規事業を創造

タカラベルモントから仕事の依頼があったのは、2016年の5月のことです。

同社は理美容室に向けて、椅子や什器などの機器の製造販売だけではなく、化粧品の開発・販売や新規開業のコンサルテーションや空間デザインなども手がけており、理美容室に関わるあらゆる業務支援を行っています。ここまでをトータルで提供できる企業はほかにはなく、理美容業界を長きにわたって支えてきた歴史があります。

ただし、最近はどの業界でも同じだと思いますが、理美容業界の先行きもまた決して楽観視で

理美容業界が抱える３つの問題

①市場変化…低料金化
来店サイクルの長期化

②人材不足…労働環境悪化→離職率増加
若いスタッフの技術力、コミュニケーション力が育たない

③新コンセプトの欠如…トレンドの希薄化、多様化

きる状況ではありません。長年業界とともにあった企業として、業界が抱える課題を解決して継続的な発展につなげたいと同社は考えました。そうした中で私に来た依頼は、理美容ビジネスの新しいあり方を一緒に考えてほしいというものでした。

近年、企業や業界が目指す未来の姿をコンセプチュアルに見せることでブランド価値を高めようとする試みが各所で行われています。ミラノサローネを始めとするデザインイベントやアートバーゼルといった各種アートイベント、業界の展示会などさまざまな場を通じて、企業の可能性を魅力的に提示していくという新たなブランディング手法です。

単純に企業のロゴやウェブサイト、名刺などのグラフィックデザインを変えることや広告を打つことだけがブランディングではありません。多くの企業がその新たな手法を用いて、自らの先進性や先見性を消費者視点から発信していく。そのことがブランディングにつながる時代になっています。

今回の依頼も単に椅子をデザインしてほしい、化粧品のパッケージをデザインしてほしい、というような特化されたものではなく、理美容業界のビジネスを根底から考え直す。そのうえで、実際に各商品のデザインとその魅力的な見せ方にまで落とし込んでほしいという、私たちにとって難しくもやりがいのあるプロジェクトとなりました。

プロジェクトを進めるにあたって、タカラベルモントには理美容室向けの椅子などを扱う「機器部門」、シャンプーなどを製造・販売する「化粧品部門」、そして理美容室向けインテリアデザインを提案する「空間部門」の３つの事業領域を横断したプロジェクトチームを作ってもらうように提案しました。普段個別に事業を進めている部門同士が、業界の抱える課題を共有して皆で会社の方向性を考える。このことが新しいビジネスの仕組みを生み出す議論のきっかけとなるのでは、と考えてのお願いでした。実はこうした横断的な組織作りは、同社としては初めての試みだったそうです。

3つの事業部と3つの問題

まずはこの3つの部門のメンバーでチームを組んでいただき、理美容業界の今ある問題と、未来に向けて期待できそうな業界の取り組みをまとめていただきました。

そこで出てきたのが、次のような3つの問題です。まず1つ目の問題は、理美容業界の市場が大きく変化してしまったこと。例えば、低料金化が進んでいたり利用客の来店サイクルが長期化していたりと、理美容室が利益を産みにくい構造になっているのです。

2つ目は、優秀な人材確保の問題です。少子化から若い人材の獲得が難しくなっており、さらにその若い人材を長期的に育成する必要があるのですが、そこにも高い壁がある。現在はカットやトリートメント、カラーなど習得しなければならない技術が多岐にわたるうえに、利用客と2時間近くコミュニケーションをとれる能力も必要。若い人の多くは、育つ前にやめてしまうとのことでした。

3つ目は、誰もが利用したいと思うような、新しいサービスモデルの開発が進まないという問題です。かつては、髪型やスタイルに明確な流行があり、多くの人がそのトレンドに沿った髪型をしていました。サロンはそれに対応した機器・化粧品などを導入してサービスを提供すれば、ある程度の売り上げが見込めたわけですが、今はこうした明確なトレンドがない。

要は消費者の嗜好の多様化に伴い、サロン側がどんな設備を導入すればいいのか、どんな化粧品を使えばいいのかが分からなくなっているのです。利用客側から見ても、このサービスを受けたいからサロンに来る、というような動機付けがないというのが3つ目の問題でした。

アイデアを無理なく生む

では、この3つの問題に対してどんな解決策があるのか、次はこちらが解決の糸口となりそうな提案を行う番です。ファーストプレゼンとなるこの段階で、多くのアイデアをぶつけて、そこからクライアントと一緒にコンセプトを絞り込み、徐々にデザインを磨き上げていく。まずは、最初にたくさんのアイデアを生む過程がどのようなものなのかを解説していきます。

アイデアは、ゼロから生み出すだけでなく、既存の情報をなんらかの「方程式」に落とし込み、モノゴトを新しい視点から見ることで発生させることができます。

今回の事例で使ったその「方程式」はいくつかあるのですが、その1つが、1つの解決策を次々とほかの状況に重ね合わせていくことでアイデアを炙り出すというもの。そのベースとなったのが左の図です。

← オリエンテーション後にアイデアを書き留めたメモ
3つの領域に、キーワードやアイデアをプロットする。「化粧品」と「空間」を組み合わせたときにどんな新しいことができるかなどを考えていく

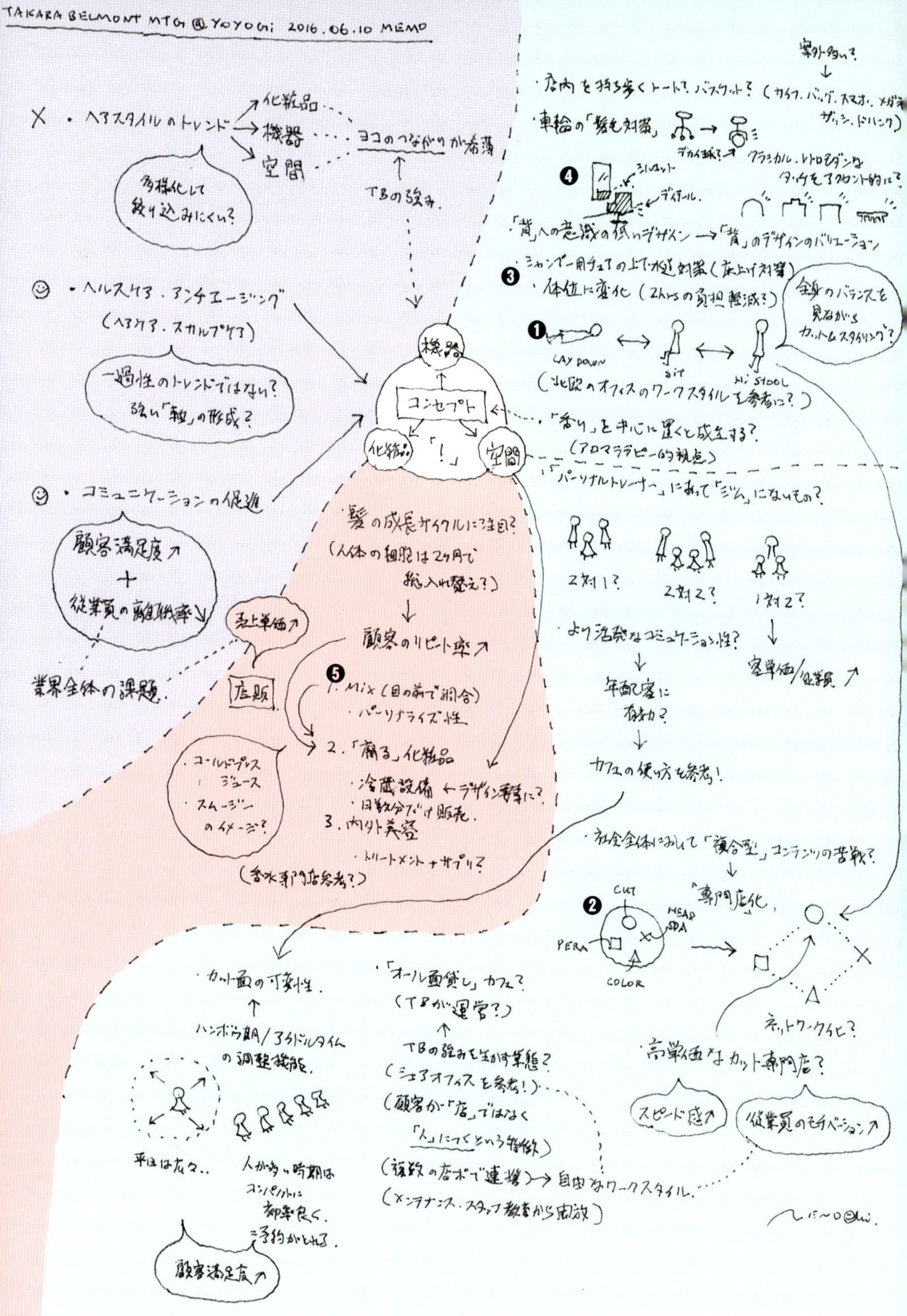
TAKARA BELMONT MTG @ YOYOGI 2016.06.10 MEMO
X ・ヘアスタイルのトレンド
化粧品
機器
空間
ヨコのつながりが希薄
TBの強み.
多様化して絞り込みにくい?
☺ ・ヘルスケア.アンチエージング
(ヘアケア.スカルプケア)
一過性のトレンドではない?
強い「軸」の形成?
☺ ・コミュニケーションの促進
顧客満足度↗
+
従業員の離職率↘
業界全体の課題.
売上単価↗
店販
機器
コンセプト
化粧品
「!」
空間
・「香り」を中心に置くと成立する?
(アロマテラピー的視点)
・店内を持ち歩くトート?バスケット?(サイフ.バッグ.スマホ.メガネ.ザッシ.ドリンク)
案外多い?
・車輪の「騒音対策」
デカイ試?
④ シルエット
ディテール
クラシカル.レトロモダンな
ダクトをアクセント的に?
・「背」への意識の低いデザイン→「背」のデザインのバリエーション
③ ・シャンプー用チェアの上で水道対策(床上げ対策)
・体位に変化(2hrsの負担軽減?)
全身のバランスを見ながらカットムスタイリング?
① LAY DOWN
SIT
Hi STOOL
(北欧のオフィスのワークスタイルを参考に?)
・「パーソナルトレーナー」にあって「ジム」にないもの?
2対1?
2対2?
1対2?
客単価/従業員↗
・より活発なコミュニケーション性?
年配客に有効?
カフェの使い方を参考!
・髪の成長サイクルに注目?
(人体の細胞は2ヶ月で総入れ替え?)
顧客のリピート率↗
⑤ 1. Mix(目の前で調合)
・パーソナライズ性
2.「腐る」化粧品
・冷蔵設備←デザイン要素に?
・日数分だけ販売.
3. 内外美容
・トリートメント+サプリ?
・コールドプレスジュース
・スムージーのイメージ?
(香水専門店参考?)
・社会全体において「複合型」コンテンツの苦戦?
「専門店化」
② CUT
HEAD SPA
PERM
COLOR
ネットワーク化?
高単価なカット専門店?
スピード感↗
従業員のモチベーション↗
・カット面の可変性.
ハンボウ期/アイドルタイムの調整機能.
平日は広々..
人が多い時期はコンパクトに効率良く.
予約がとれる.
顧客満足度↗
・「オール面貸し」カフェ?
(TBが運営?)
TBの強みを生かす業態?
(シェアオフィスを参考!)
(顧客が「店」ではなく「人」につくという特徴)
(複数の店ポで連携)→自由なワークスタイル.
(メンテナンス.スタッフ教育から解放)
しミ~0 @ki.

まずはタカラベルモントのプロジェクトメンバーから話を聞いたり、ショールームを回ってみたりするなかで、気になったキーワードをふんわりと頭に留めておきます。

その後今回のプロジェクトに関わった人々が担当する「機器」「化粧品」「空間」という3つの事業領域を書き出し、「機器と空間」「空間と化粧品」「化粧品と機器」という2つの事業領域をつなぐようエリア分けをするのです。この2つの間にある共通の課題がなにで、どうすれば解決できるのか。またこの2つの要素を組み合わせたらどんな面白いことができるかを考えて、先ほど気になっていたキーワードをプロットしていきます。

すべての事業を串刺しにできる強いアイデアを

こっちの課題は別の事業領域にも影響しそうだな、とか、このアイデアは、もう1つの事業領域の課題解決にも使えるかもしれないなど、常に2つの領域の間を意識しながら考えると、新しいアイデアが生まれやすくなるだけではなく、そのアイデアが強いコンセプトにまで成長することがあります。例えばこれまでの美容室では、髪を切ったあとにシャンプー台まで移動するのが普通でしたが、最近は切ったその場でシャンプーできる設備が増えているそう。それを実現するのが、普通の状態から仰向けに近い状態までリクライニングできる散髪用の椅子です。これを見て私が瞬間的に思い浮かんだのが、寝るのではなく、逆に立ち姿で全身のプロポーションを見ながらカットができるハイスツールはどうかというアイデアでした。（前ページ図中の❶）

ただ、ここまでのアイデアだと「機器」に限った話にすぎません。そこでこのアイデアを機器と空間の間のエリアにプロットすることで、ハイスツールを使う理美容室ってどんなところだろうかというのを自然に考えるようになります。占有面積が少ないので、よりコンパクトな空間提案ができるかもしれません。また専用のカット椅子と違い、座り心地はそれほど良くないでしょうから、カットだけに特化してスピーディーに施術できる理美容室になりそうだ、と。ここからカットの技術とスピードを売りにした高単価な理美容室があってもいいのでは、とアイデアが連鎖していくのです。（❷）

理美容院は水周りの整備が非常に大切な業種。大型の給湯器を設置する必要があったり、上下水道を這わせるために床を底上げする必要があったりと、多くの投資が行われている部分です。話を聞いていると、そこにかけられている技術と工夫は、凄まじいものがあります。

ただ、天邪鬼にも「仮に水を使わないと決めた途端、美容室はどうなるだろう」と考えてしまう自分がいたりするわけです。でも、確かにこれならコストは大幅に下がるし、空間の自由度が高まる。そうなると家具や什器はもっと軽やかになるかもしれない。これまでシャンプーやコンディショナーを中心に販売していた化粧品も全く違うコンセプトになるな、などと発想していきます。（❸）こうしていろいろなアイデアを考えていくうちに、次第に「機器」と「空間」と「化粧品」の3つの事業分野全部を串刺しにできるようなアイデアに思い至るようになっていきます。

また、ショールームを見ながらサロン用の椅子のデザインの話をしている時のこと。皆さん椅子の正面のデザインについて熱心に話してくれるのですが、椅子の背についてはほとんど誰も話

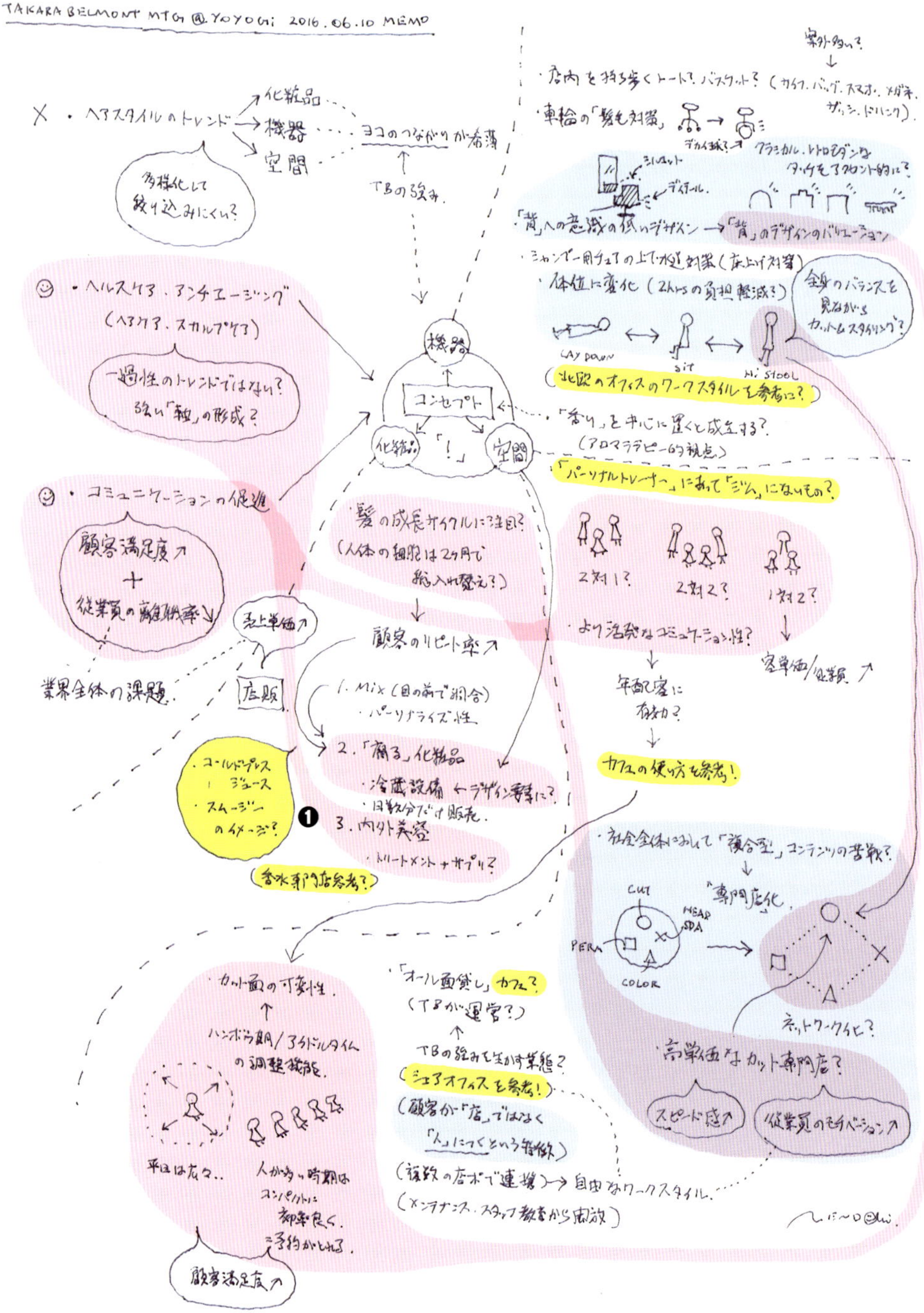
TAKARA BELMONT MTG @ YOYOGI 2016.06.10 MEMO
× ・ヘアスタイルのトレンド
化粧品
機器
空間
ヨコのつながりが希薄
TBの強み.
多様化して
絞り込みにくい?
・店内を持ち歩くトート? バスケット? (カイフ. バッグ. スマホ. メガネ. ザッシ. ドリンク).
案外多い?
・車輪の「髪も対策」
デカイ球?
シルエット
ディテール.
クラシカル. レトロモダンな
タッチをアクセント的に?
・「背」への意識の低いデザイン → 「背」のデザインのバリエーション
・シャンプー用チェアの上で水跡対策 (床上げ対策)
・体位に変化 (2hrsの負担軽減?)
LAY DOWN
SIT
Hi STOOL
全身のバランスを見ながら カットムスタイリング?
(北欧のオフィスのワークスタイルを参考に?)
☺ ・ヘルスケア. アンチエージング
(ヘアケア. スカルプケア)
一過性のトレンドではない? 強い「軸」の形成?
機器
コンセプト
化粧品
「!」
空間
・「香り」を中心に置くと成立する?
(アロマテラピー的視点)
・「パーソナルトレーナー」にあって「ジム」にないもの?
2対1?
2対2?
1対2?
・より活発なコミュニケーション性?
年配客に有効?
カフェの使い方を参考!
客単価/従業員 ↗
☺ ・コミュニケーションの促進
顧客満足度 ↗
+
従業員の離職率 ↘
業界全体の課題.
売上単価 ↗
店販
髪の成長サイクルに注目?
(人体の細胞は2ヶ月で総入れ替え?)
顧客のリピート率 ↗
1. Mix (目の前で調合)
・パーソナライズ性
2. 「腐る」化粧品
・冷蔵設備 ← デザイン要素に?
・日数分だけ販売.
3. 内外美容
・トリートメント + サプリ?
・コールドプレス ジュース
・スムージー のイメージ?
❶
(香水専門店参考?)
・社会全体において「複合型」コンテンツの苦戦?
「専門店化」
CUT
HEAD SPA
PERM
COLOR
ネットワーク化?
高単価なカット専門店?
スピード感 ↗
従業員のモチベーション ↗
・カット面の可変性.
ハンボウ期/アイドルタイムの調整機能.
平日は広々..
人が多い時期はコンパクトに効率良く.
=予約がとれる.
顧客満足度 ↗
・「オール面貸し」カフェ?
(TBが運営?)
TBの強みを生かす業態?
(シェアオフィスを参考!)
(顧客が「店」ではなく「人」につくという特徴)
(複数の店ポで連携) → 自由なワークスタイル.
(メンテナンス. スタッフ教育から開放)

さないことに気付きました。でも理美容室の利用者からすれば、店に入ってきてまず見るのは椅子の背ですし、サロンの紹介写真に掲載されるのも椅子の背。正確には後ろから45度の角度です。

もっと背とアームレストのデザインに気を配ってもいいのではないでしょうか。そんな問題意識から「背やアームレストのデザインバリエーションをたくさん用意して、好きにカスタマイズできればいい」というアイデアが思い浮かびます。（❹）

では、その「カスタマイズ」というアイデアを空間ではどう使えるでしょうか?この椅子や間仕切りを移動可能にして、繁忙期はたくさんの人が入れるように、閑散期は利用客がゆったりと空間を使えるような美容院が作れるのでは。化粧品にあてはめると、1人ひとりの髪質に応じて目の前で調合できたりすると面白いのでは、などとアイデアをつないでいくのです。（❺）

ほかの業界の発想を重ねる

この段階では、まずは自分の頭のなかでどんどんとアイデアを増殖させていくことが重要ですから、さまざまな「方程式」を使ってアイデアを出していきます。ちなみに、これまでに説明したアイデアは、椅子の「前」ではなく「後ろ」を見たり、「寝る」のではなくて「立つ」椅子をつくるとどうなるかなど、逆張りの発想をするという方程式から生まれたものです。これまで多くの人が当然と考えてきたものに対して「それを逆手に取ってみるとどうなる?」という考え方は、私がモノゴトを考えるときに良く使う手法の1つです。（右ページの青色の部分）

アイデアを出す方程式がある→

黄色部分は「ほかの業界で類似するサービスに当てはめるとどうなるか？」と考えて浮かんだアイデア。青色は「今ある状況に対して『逆張り』するとどうなるか」と考えて浮かんだアイデア。赤色は1つの解決策をほかの状況に重ね合わせていくことで生まれたアイデア。こうした「アイデアの方程式」をいくつか用意して、スムーズにアイデアを出せるようにするさらに今回の事例では、もう1つ別の方程式を使っています。それが「ほかの業界に例えると？」ということをひたすら考えるやり方です。

例えば最近は美容室では店舗でも使用するシャンプーやコンディショナーなどを利用客向けに販売するケースが多く、美容室の大切なビジネスになっています。「店販」と呼ばれるこの売り上げを伸ばすために、バーのようなカウンターで商品を陳列しているという話を聞き、仮にこれを「ジュースやスムージーのスタンド」に例えてみるとどうなるかと考えてみました（54ページ図中の❶）。新鮮な果物をその場でミキサーにかけて提供する様子を想像しながら「顧客の髪質に合わせてその場で調合して提供し、鮮度の高いうちに使い切ってもらう『腐る』化粧品」はどうかと思い描きます。

鮮度重視の化粧品を置くわけですから、機器としては冷蔵庫が必要になります。それが化粧品の品質を保証する象徴的な存在になりそうだな、と。化粧品以外の軸に当てはめてもつながりが感じられ、このアイデアは面白くなると確信しました。気になったキーワードに対して他業界のイメージをぶつけて、アイデアの化学反応をさせていきます。

こうしたメモ書きを見ていただくと、私の思考の経過がよく分かっていただけると思います。2つの要素を重ねながらキーワードをどんどんとつなげていくことで、たくさんのアイデアが生まれる。ここからこのアイデアをさらにブラッシュアップしてたくさんのデザインや事業提案を作り、ボツを前提としたプレゼンテーションに移ります。

ボツを恐れずアイデアを集約

次は、ここまで出したアイデアを元に、「カタチにしていく」というフェーズに入ります。まず頭の中でアイデアを増殖させるのが先ほど説明した第1段階。その次、つまりここでは手を動かしながらさらにアイデアを整理・集約していきます。その後に大量のボツを発生させながらクライアントと一緒に淘汰して、案に磨きをかけていく。そしてデザインが完成するというのが、一般的な私の仕事のプロセスになります。

オリエンテーションから3週間後、先ほど出たアイデアから、解決の糸口になりそうなコンセプトを3つ挙げて、それに基づいたデザインを作りました。この時点で機器と化粧品、空間という3つの事業をつなぐビジネスモデルまで提案するのですが、ここでは機器のデザインとして、カット用の椅子について詳細なCGを用意し、具体的なビジュアルイメージで3種類提案していきます。来店サイクルの長期化などの市場変化と人材の確保、そして新サービス創出という、前述の3つの問題のうち、まず2つを解決しようと考えてそれぞれ提案したものです（次ページ図）。

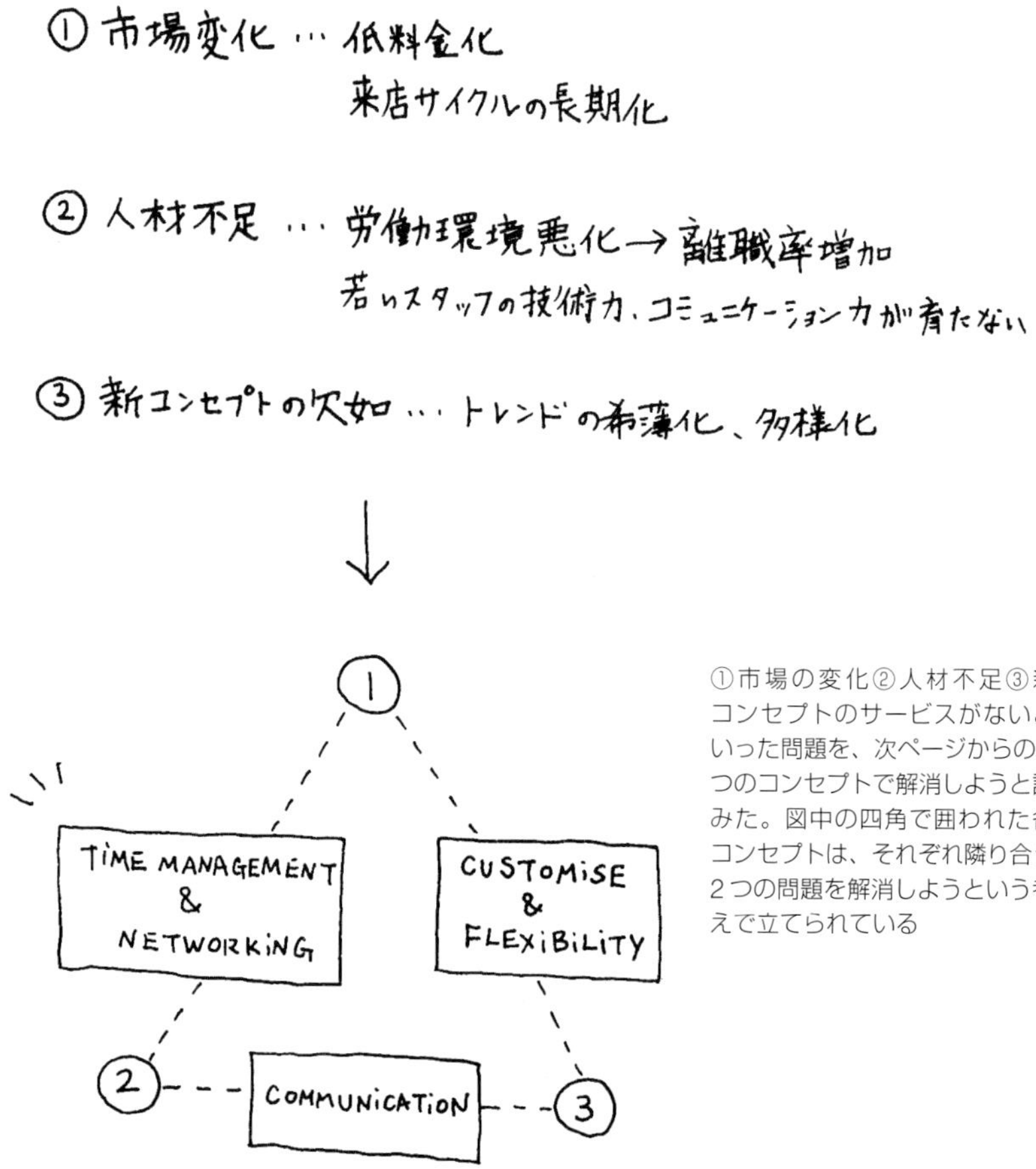
① 市場変化 … 低料金化
来店サイクルの長期化
② 人材不足 … 労働環境悪化→離職率増加
若いスタッフの技術力、コミュニケーション力が育たない
③ 新コンセプトの欠如 … トレンドの希薄化、多様化
1
TIME MANAGEMENT & NETWORKING
CUSTOMISE & FLEXIBILITY
2
COMMUNICATION
3

①市場の変化②人材不足③新コンセプトのサービスがないといった問題を、次ページからの3つのコンセプトで解消しようと試みた。図中の四角で囲われた各コンセプトは、それぞれ隣り合う2つの問題を解消しようという考えで立てられている

Concept 1 カスタマイズ性&柔軟性

前述の通り、かつて理美容業界は単一のトレンドに一極集中する時代がありました。その当時は、パーマの機器や薬品などもそのブームに合わせて単一のものを用意すればよかったのですが、今は明確なトレンドを見出しにくい時代になっています。

こうした「ほかとはちょっと違う自分」「自分なりのこだわり」を持つ消費者に対応できる柔軟性や可変性、豊富な選択肢を持つことが、これからの美容室には大切なんじゃないか、という提案です。顧客の嗜好に合わせたとき、家具としてなにができるのか。例えば背中やひじ掛けなどにたくさんのパーツを用意して、空間に合わせてセミオーダーメードができるという椅子をデザインしました。特に意識したのは背中の部分。背当てのクッションまで利用客が選べるようにして、その人に合った快適な時間を過ごしてもらおうと配慮しています。

もう1つの案は、ひじ掛けをしまえてスタッキングを可能にする椅子です。使用していないときにはコンパクトに収納できれば、美容室の空間をもっと自由に使ってもらえるのでは。ひじ掛けをしまえるという構造は、お年寄りや車椅子の方にも座りやすいという利点もあります。

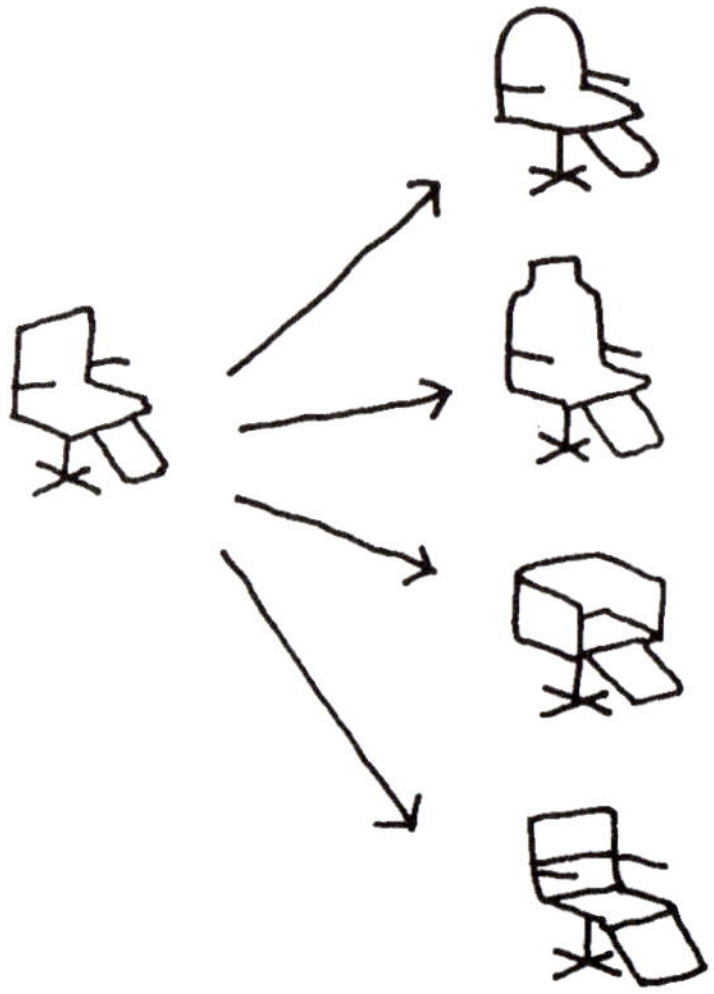

案A

機器　化粧品　空間

パーツを自由に選べる

各種パーツごとに豊富な選択肢を用意して、空間に合わせたセミオーダーメードができる機器を提案。利用客が店内に入ってきたときに最も目立つ背中や脚を意識したデザインになっている

カスタマイズできる椅子は過去に販売し、一度廃番になった経験が

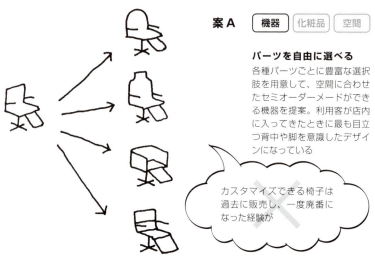

案B　機器　化粧品　空間

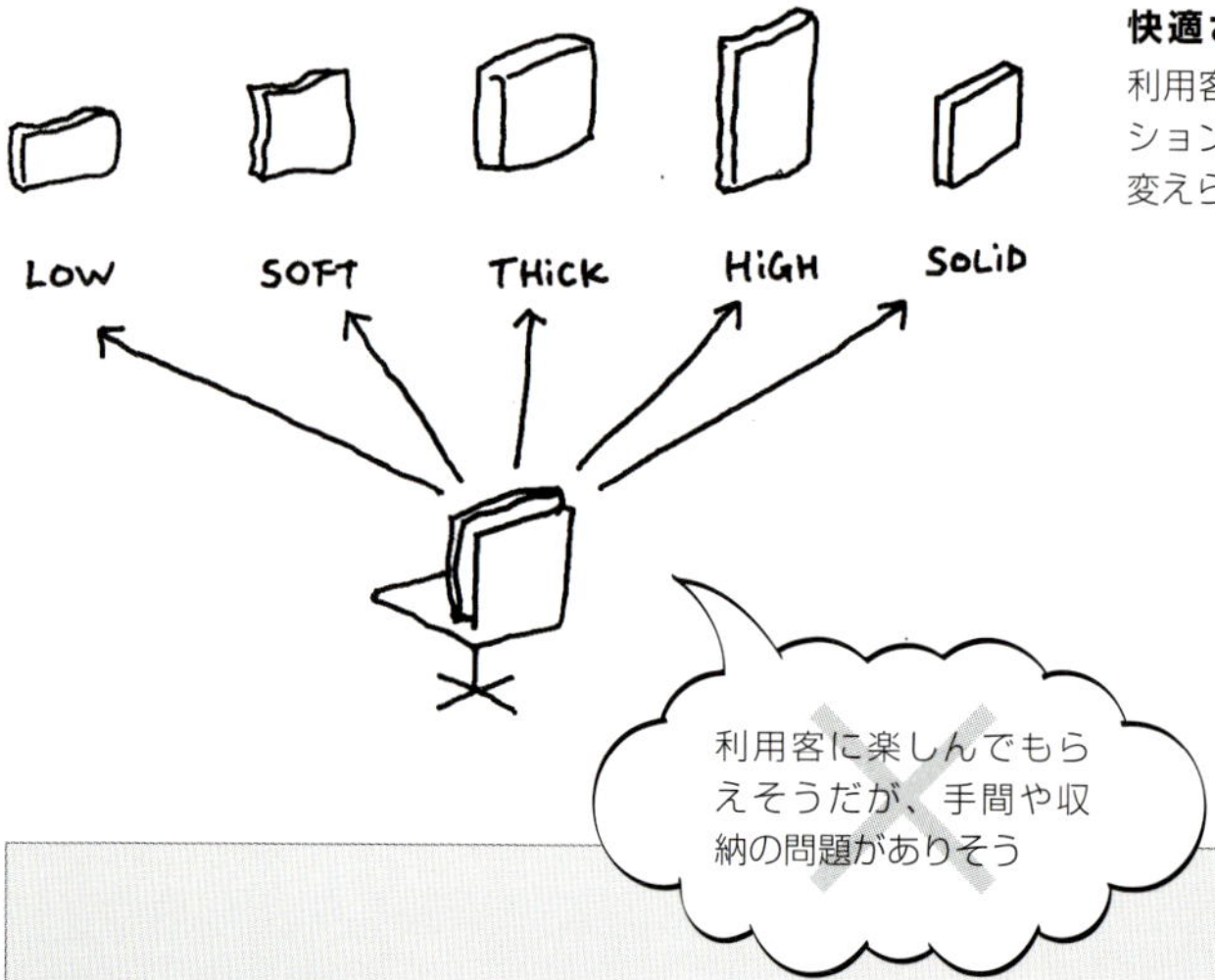

LOW
SOFT
THICK
HIGH
SOLID
利用客に楽しんでもら
えそうだが、手間や収
納の問題がありそう

快適さも選べる

利用客の快適性を考え、クッションやフットレストなども変えられるようにした提案

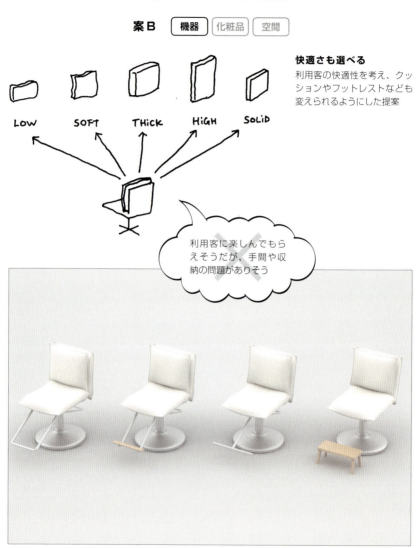

案C　機器　化粧品　空間

空間を自由にする椅子

スタッキング可能な椅子。使用していないチェアをコンパクトに収納できるため、空間の柔軟な活用を可能にする

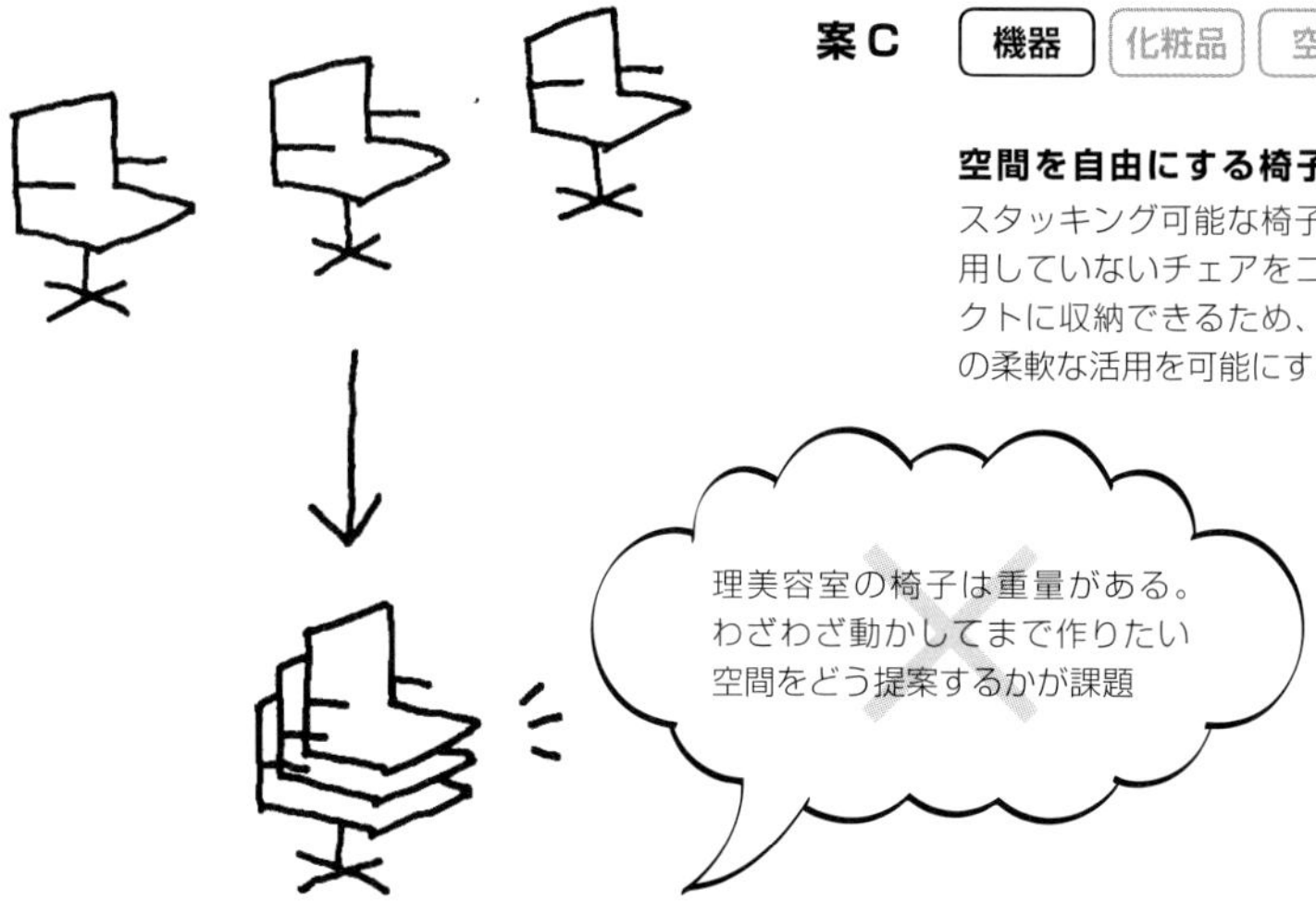
理美容室の椅子は重量がある。
わざわざ動かしてまで作りたい
空間をどう提案するかが課題

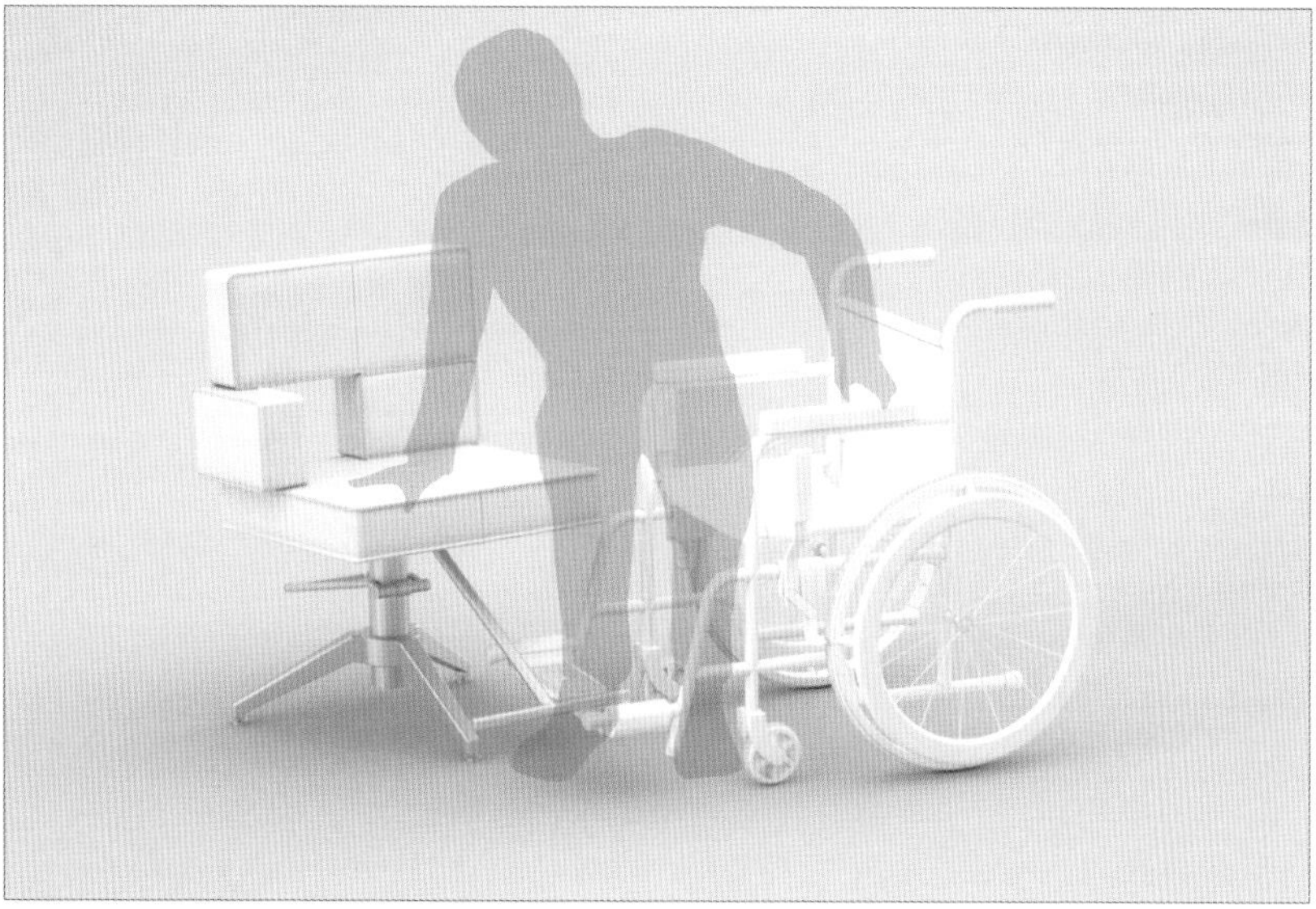

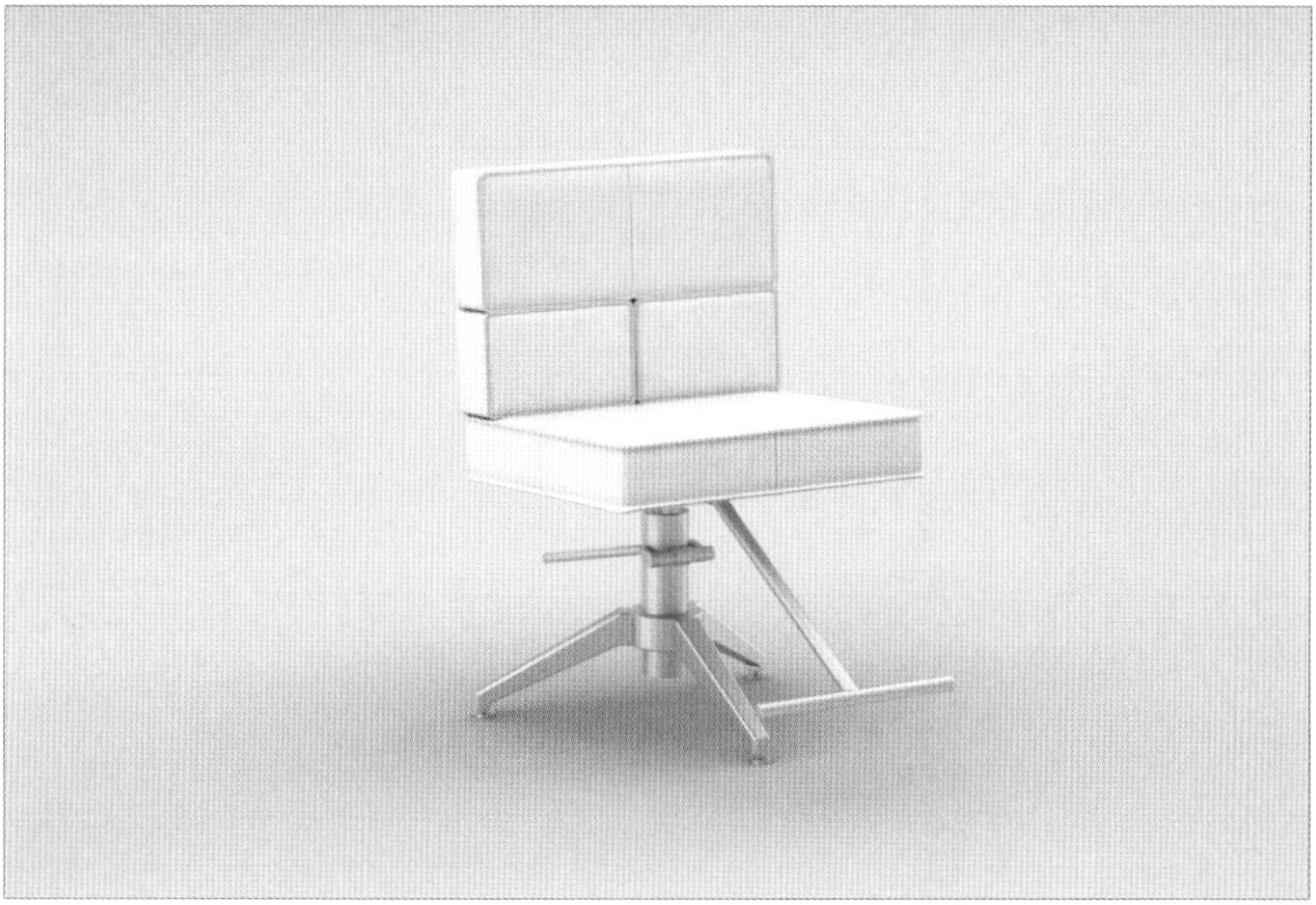

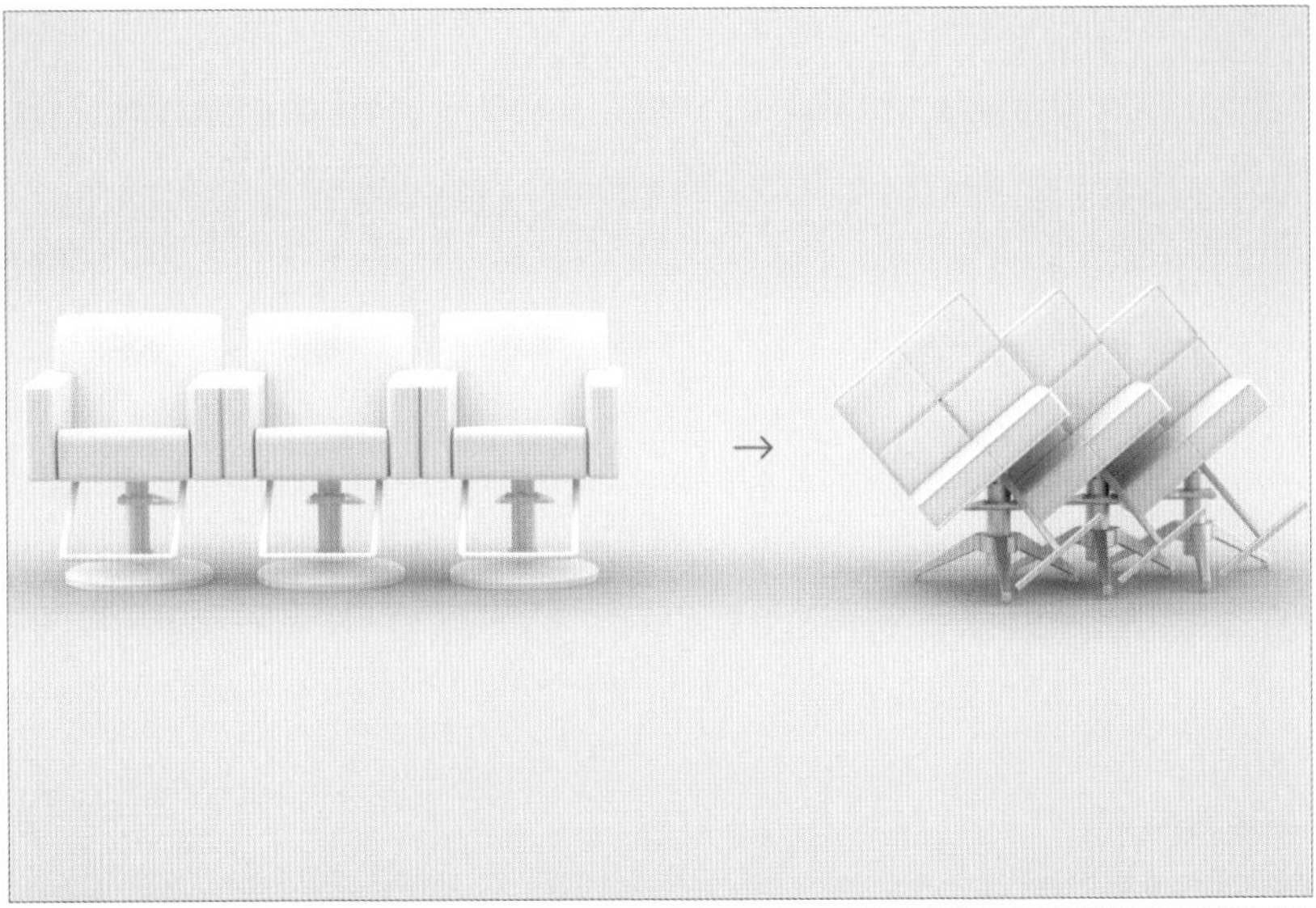

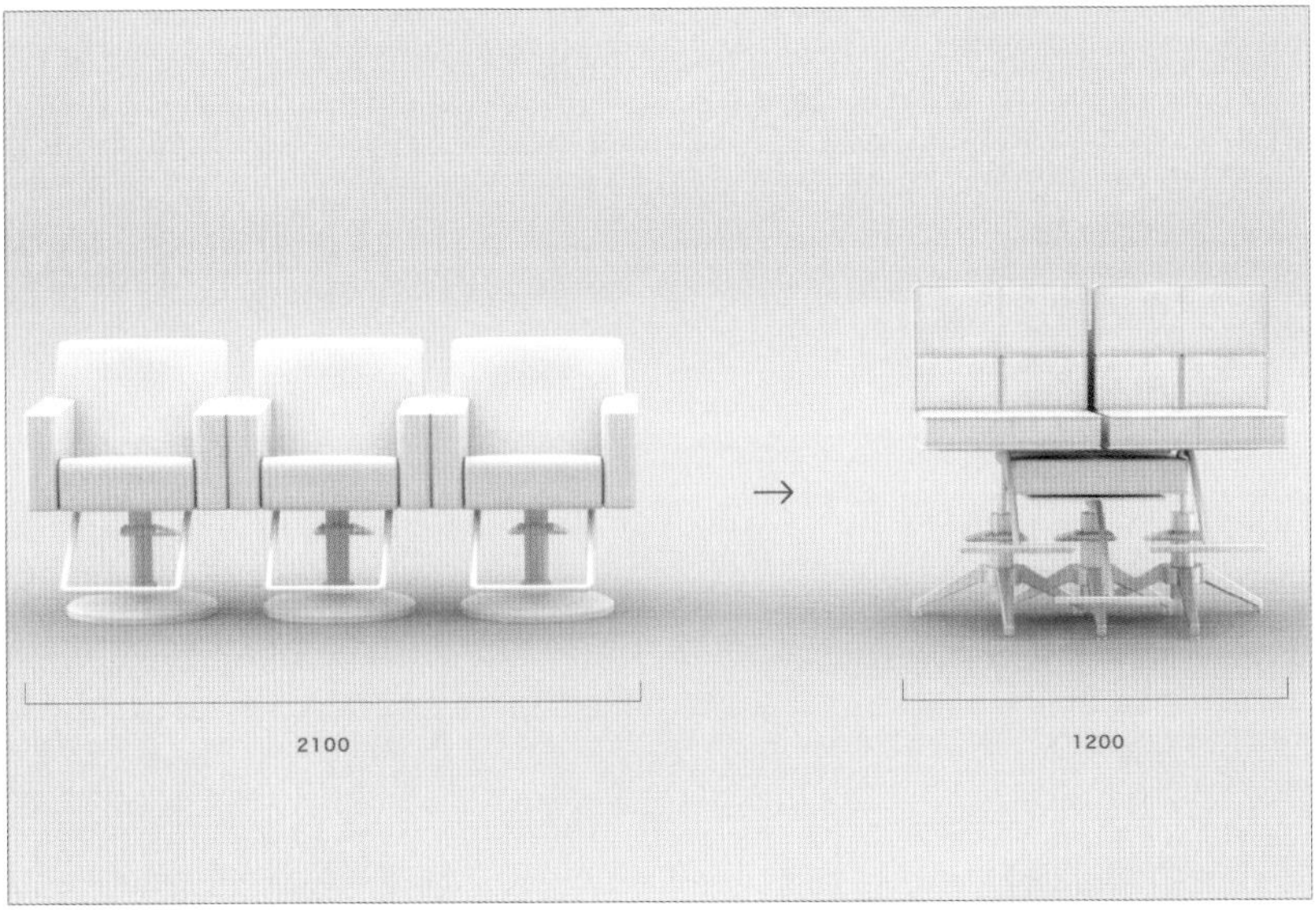

コンパクトにたため、空間を有効に使える

化粧品もオーダーメード

一方、化粧品にこのカスタマイズというコンセプトを当てはめるとどうなるでしょうか。利用客と2時間も一緒にいるという理美容室特有のコミュニケーション性の高さを生かして、オーダーメード化粧品ができないかと考えてみました。

その一例が、カルテと連動したデジタル端末を活用して利用客の髪質診断を行いながら、その人に合ったシャンプーやヘアトリートメント、スタイリング剤を調合したり、組み合わせを提案するといったもの。サプリメントも組み合わせた内外美容という提案もしていけば、利用客とのつながりも強化でき、常連客も確保できそうです。

空間という視点からは2つ。1つ目は、先ほどのスタッキング可能な椅子との組み合わせになります。利用客の少ない時間帯は「閑散」としているというイメージを持たれることなく、お客さんがゆったりと過ごしてもらえるように、逆に混雑しているときは椅子をたくさん並べられるような柔軟な空間を提案。そしてもう1つは、バーのようなコーナーを作り、先ほどのオーダーメード化粧品をうまく見せられるような仕掛けを作れないかと考えました。

利用客1人ひとりに合わせてあらゆるカスタマイズが可能という、新しいサービスの提案。そして、自分のためだけにさまざまなものがしつらえられた美容室なら、今まで以上に頻繁に来訪したくなるのでは。そんな2つの問題を解決できるコンセプトとして提案しました。

Concept 1 カスタマイズ性＆柔軟性

案A　機器　**化粧品**　空間

自分だけの化粧品①

スタイリストと顧客が長時間話せるサロンだから提案できるオーダーメード化粧品はどうか

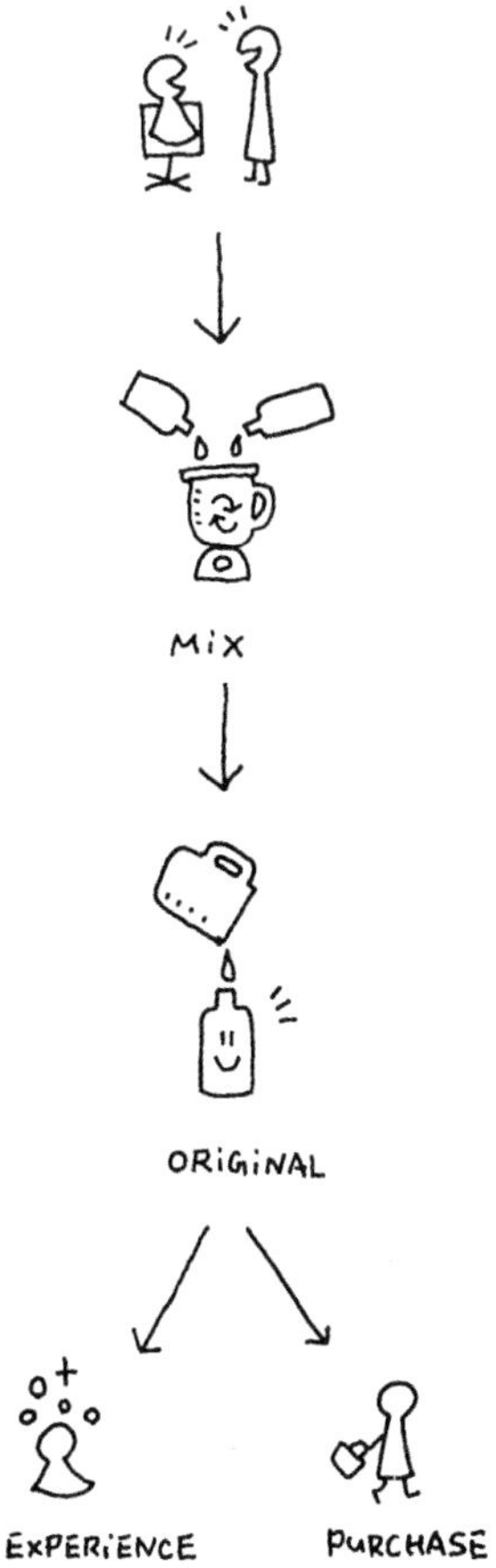

1　相談／カウンセリング

薬事法上、店舗で調合して販売することができない。そのため既成商品を組み合わせて販売するなど、やり方が限られる

2　１人ひとりの体調や髪質、髪型に合ったシャンプーやトリートメント、スタイリング剤を調合したり、組み合わせる

3　店頭で使用、または顧客が購入

Concept 1 カスタマイズ性＆柔軟性

案B

機器 **化粧品** 空間

自分だけの化粧品②

同じくオーダーメイド化粧品の提案。ベースに対して香りや機能性など好きなものを利用客が選べる

案Ａと同じく薬事法上、店舗で調合して販売することができない

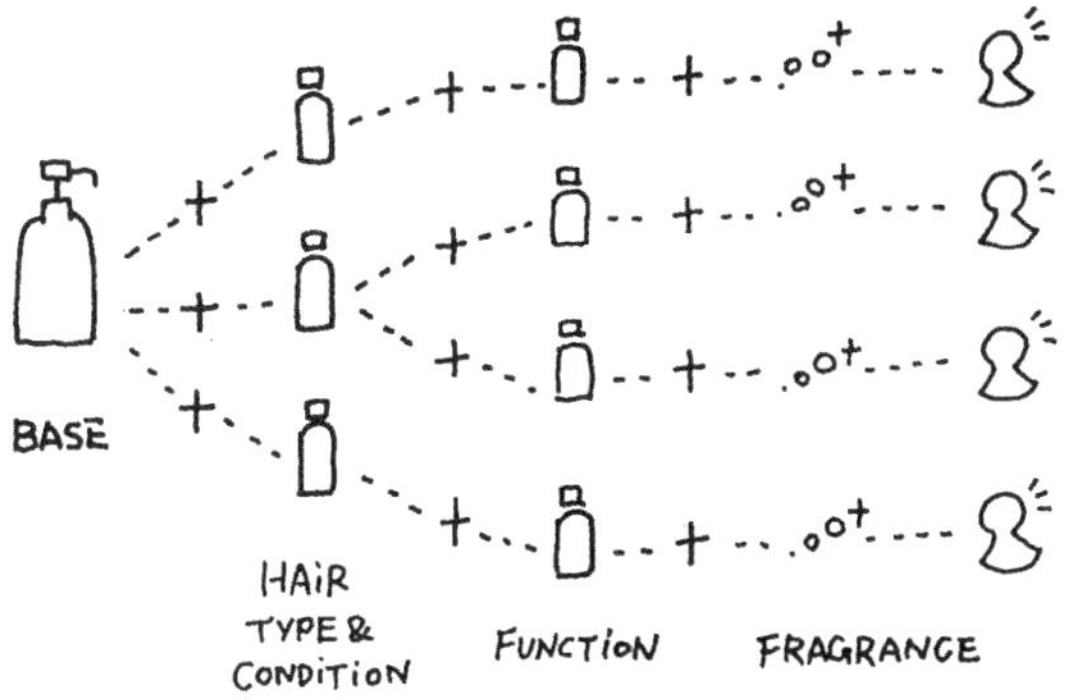

Concept 1 カスタマイズ性＆柔軟性

案C

機器 **化粧品** 空間

サプリで内外美容

ヘアトリートメントにサプリを組み合わせた「内外美容」の可能性はあるか。ヘルスケアやアンチエージングのような、トレンドに縛られない要素を積極的に取り入れる

すでに多くの理美容室でサプリは販売されている

案A 機器 化粧品 **空間**

カラーリングのバーがすでにあり、そことの差異化が難しい

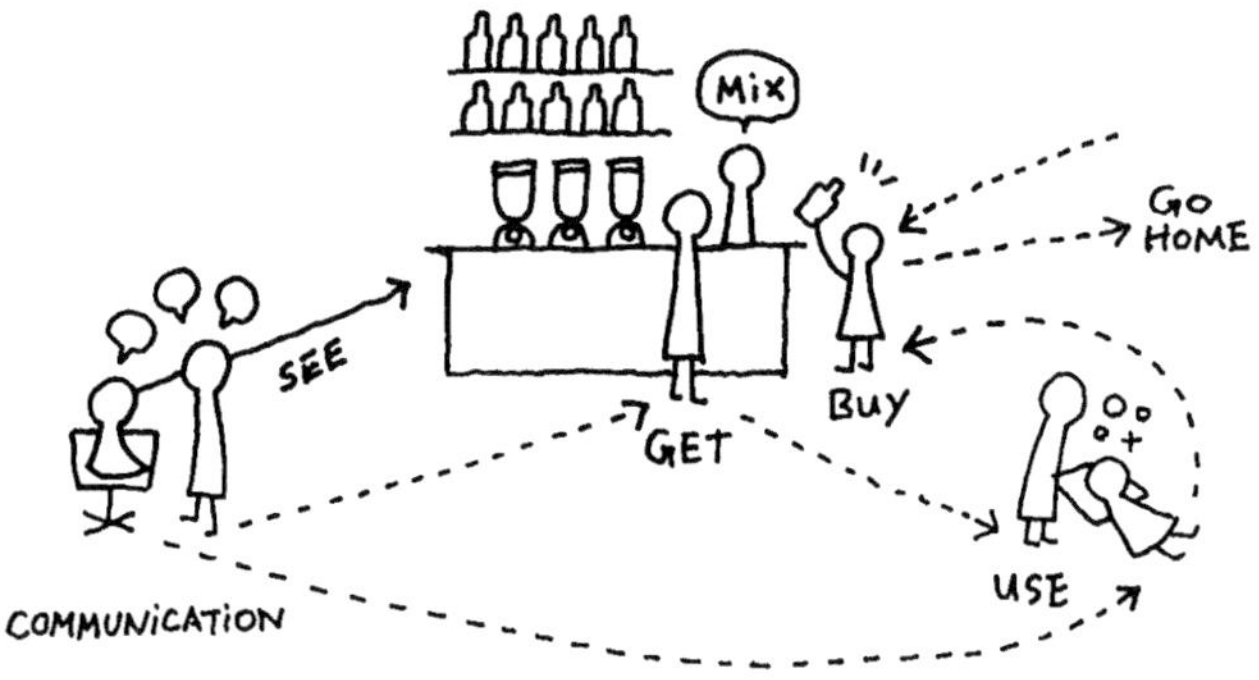

「バー」を目立たせる空間

ジュースやスムージーのカウンターのようなオーダーメード化粧品を調合する「バー」を「見せる」空間づくり。レセプションやカウンセリングエリアを兼ねる

Concept 1 カスタマイズ性&柔軟性

案B 機器 化粧品 **空間**

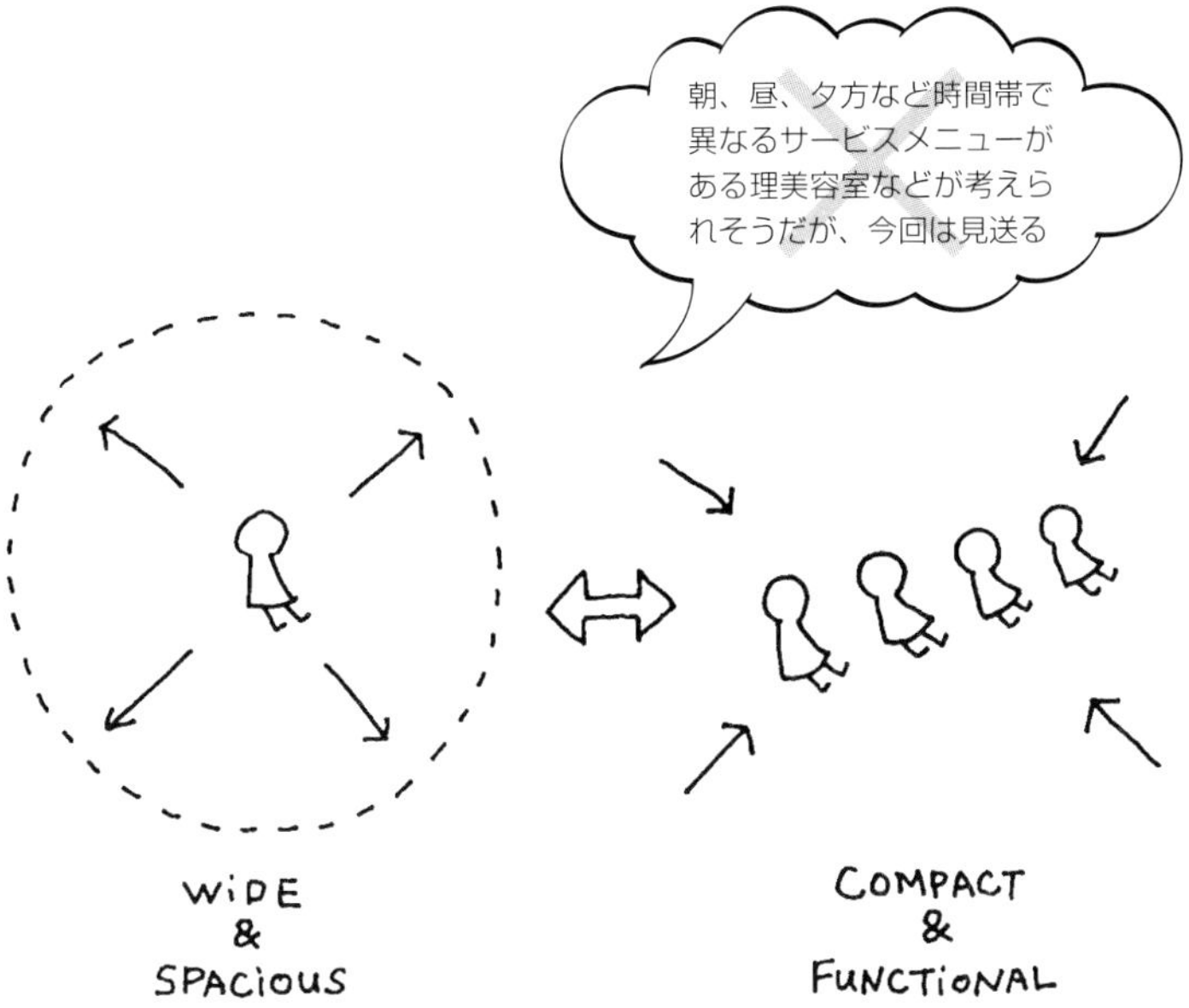

時間に応じて変化する空間

昼と夕方、平日と休日などで利用客の数に大きく差が出る理美容室の特性に合わせた空間づくり。利用客の少ない時は広々と気持ち良く使用。閑散ではなく「ゆったり」と見せる工夫ができたり、別の形で空間利用ができるデザインに。繁忙時は座席を効率良く配置して、数を増やす

Concept2 コミュニケーションの活性化

2つ目のコンセプトは、「コミュニケーションを活性化するような美容室」づくりです。施術中の2時間、なんとか間を持たせなきゃいけないと会話に苦労する美容師も多いそう。人材教育にあたり最も課題となる、コミュニケーションスキルの育成をデザインでなんとかできないか。そしてコミュニケーションしやすい環境作りが、理美容室の新サービス創出につながらないか。先の3つのうち、この2つの問題を解決できるアイデアとして提案しました。

これまで美容室は1人で行くのが当たり前でしたが、友人同士やカップルで、または親子で訪れてもらい、スタッフも含めた3人以上でいられれば会話ももっと弾むのではないかというのがこのコンセプトの発端です。

そこでデザインしたのが、2つの椅子を1つにつなげられる椅子。1つは、先ほど「オーダーメード」で提案した同じ形のものがうまく使えるだろうと考えました。もう1つは、もっと軽やかなイメージの椅子です。

これらカップル客に柔軟に対応できるよう、間仕切りを生かした空間提案も考えています。また化粧品では、市販品も含めた商品を用意して、その場で試せる「コスメティック・カート」があれば、スタッフと利用客とが同じ目線で一緒に選べるのではないでしょうか。デザートを全部取り揃えて持ってきてくれ、その中から好きなものを選べるワゴンサービスのイメージです。

Concept 2 コミュニケーションの活性化

案A 機器 化粧品 空間

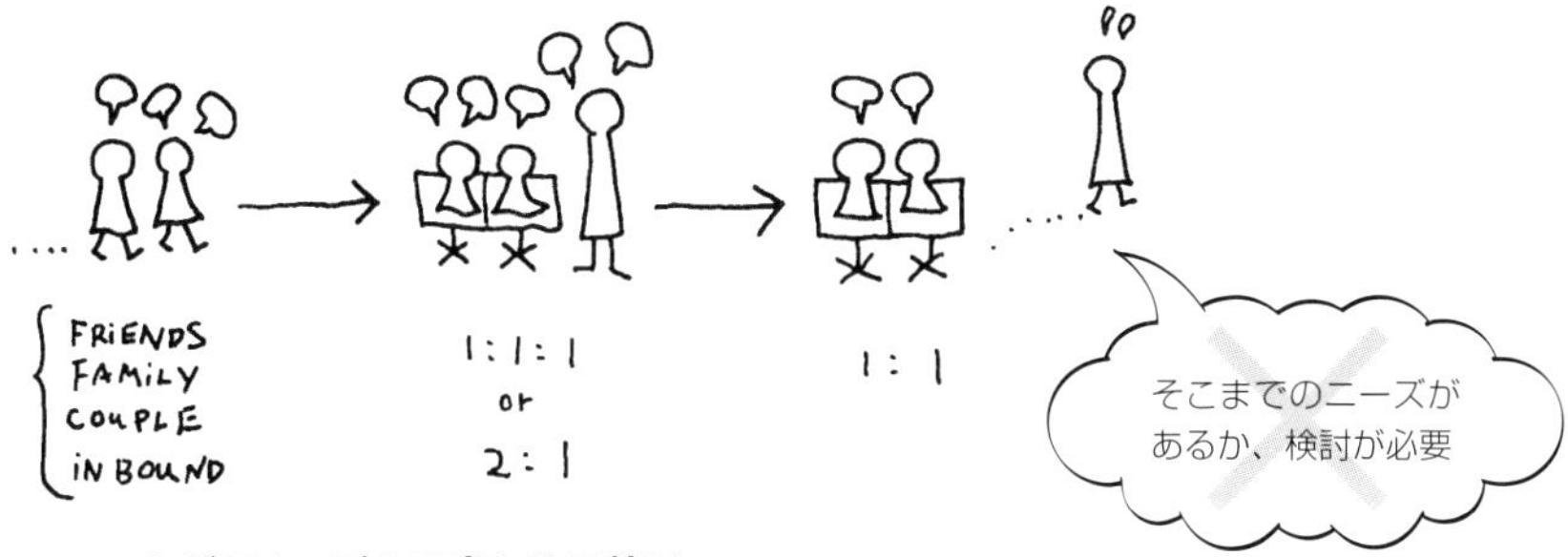

つなげてカップルで楽しめる椅子

利用客と従業員とが1対1で対話するのではなく、2人以上(友人、カップル、親子など)で訪れることで、コミュニケーションを活性化させる狙い。従業員が対応していない時間帯も客同士でコミュニケーションが図れたり、年配客や1対1のコミュニケーションを苦手とするスタッフの心理的抵抗を軽減させる

自社では発想できない軽やかなデザイン。座り心地が検証できればぜひ検討したい

Concept 2 コミュニケーションの活性化

案B 機器 化粧品 空間

案Aと同コンセプトのデザイン違い

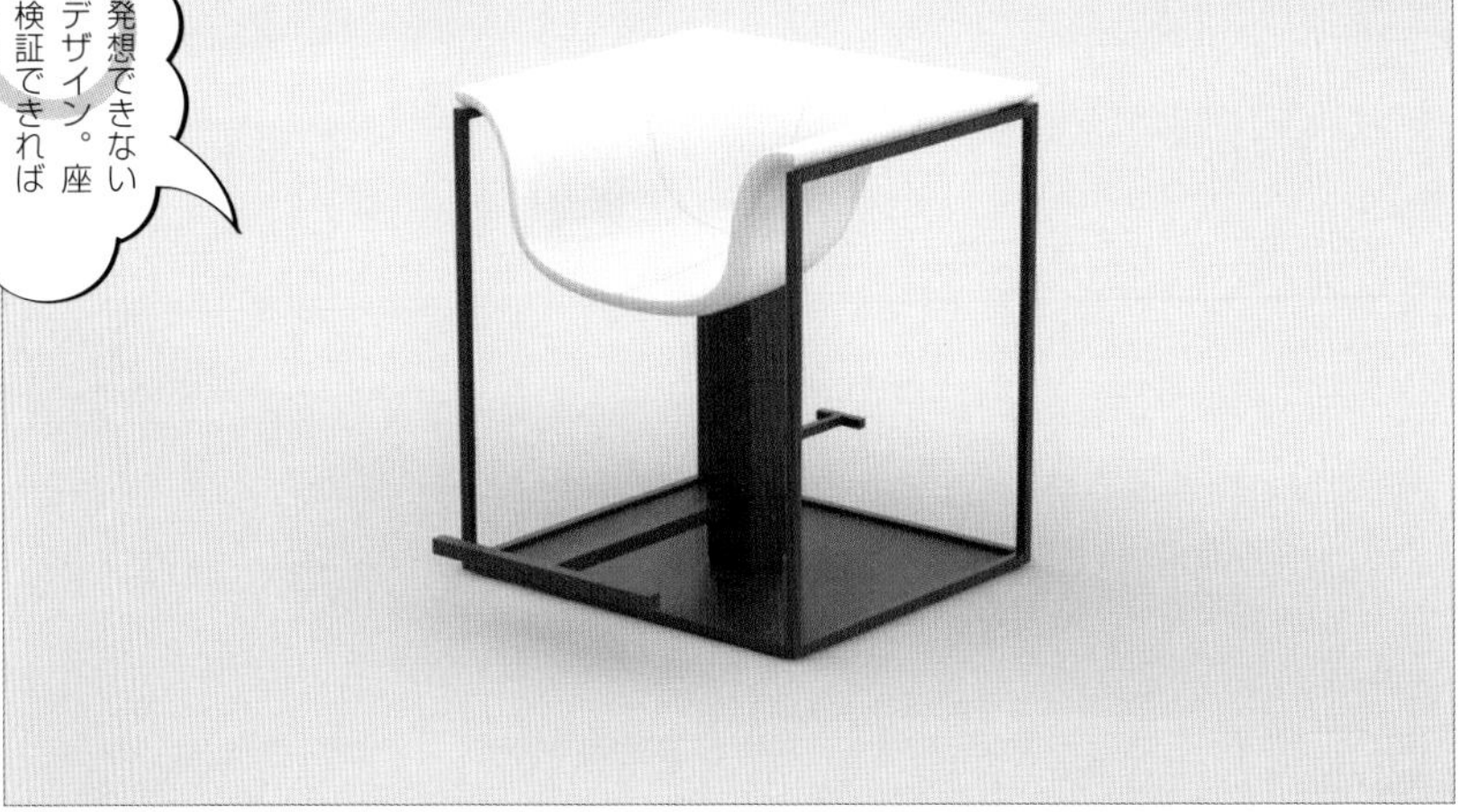

Concept 2 コミュニケーションの活性化

案C 機器 化粧品 空間

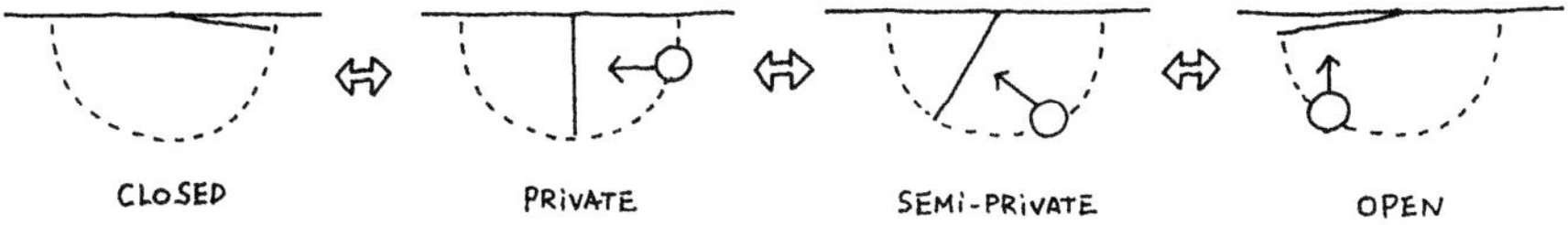

プライベート空間が調節できる回転式ミラー

回転式の鏡と椅子のセット。鏡の角度の変化によって開放度合いの調節が可能で、プライベート空間とパブリック空間の調整がしやすい

簡単に可変できるかがポイントになる

Concept 2 コミュニケーションの活性化

案D 機器 化粧品 空間

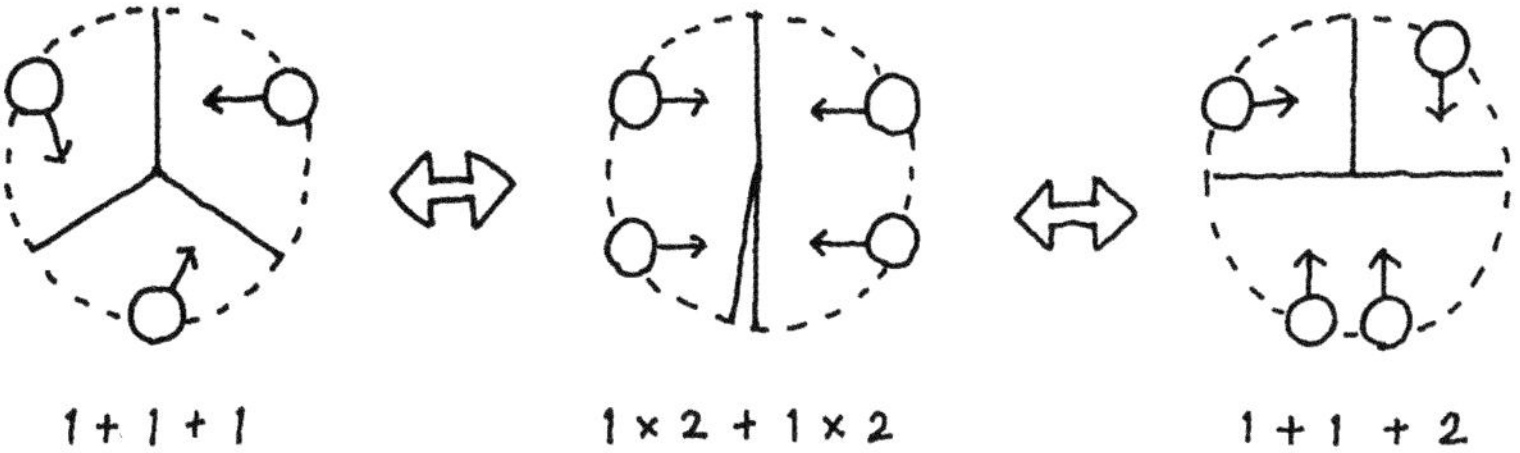

回転式ミラーの発展型

コンセプトはCと同じ。利用客の関係性に応じて、空間全体を仕切ったり、開放したりできるパーティション

案 A 機器 **化粧品** 空間

すでに同じ試みを行っているサロンがある。デザインでどれだけ魅力的に見せられるかがカギになる
A
A B C
D E F
G H i

「売る」という感覚がなく商品をすすめられる化粧品カート

市販品も含むさまざまなメーカーの化粧品を取り揃えた「コスメティック・カート」。シャンプーやセットのときに実際に使用することで比較ができる。「お試し」をしながら、どちらも消費者という目線で会話できることで、理美容室の従業員が無理のないコミュニケーションで商品を販売できる。また、サンプリングデータを商品開発に反映させるなどのマーケティングにも活用できる可能性がある

Concept 2 コミュニケーションの活性化

案B 機器 **化粧品** 空間

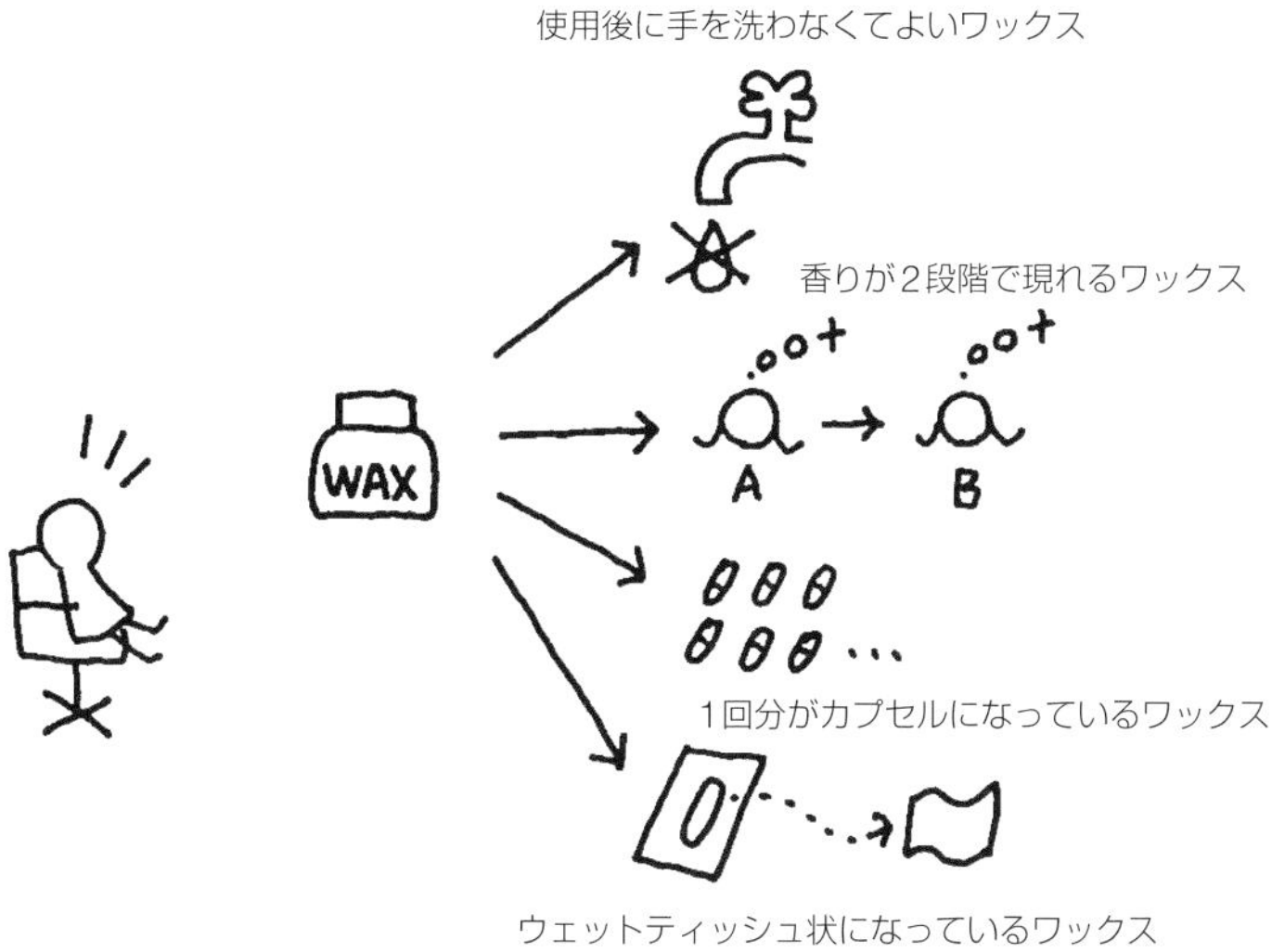
使用後に手を洗わなくてよいワックス
香りが2段階で現れるワックス
WAX
A
B
1回分がカプセルになっているワックス
ウェットティッシュ状になっているワックス

体験して価値が分かる、使用感を優先した商品の開発

Concept 2 コミュニケーションの活性化

案 A

機器　化粧品　**空間**

回転式ミラーの空間

機器提案 C をもとにした空間

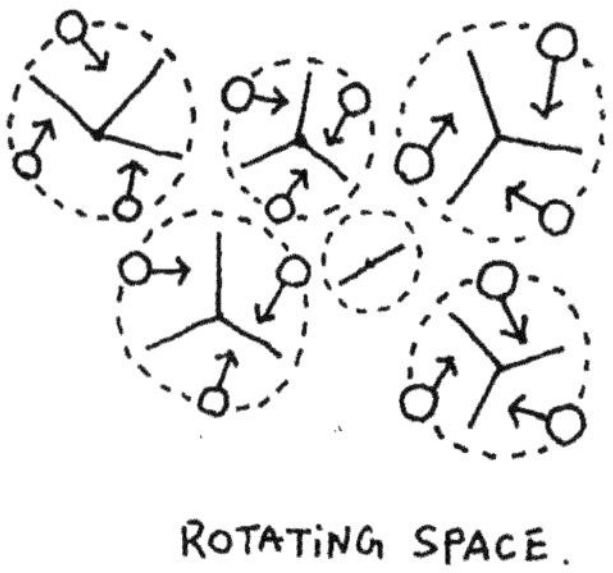

Concept 2 コミュニケーションの活性化

案 B

機器　化粧品　**空間**

カフェ風空間

カフェでテーブルを挟んでいるかのようにして、コミュニケーションを促す椅子の配置

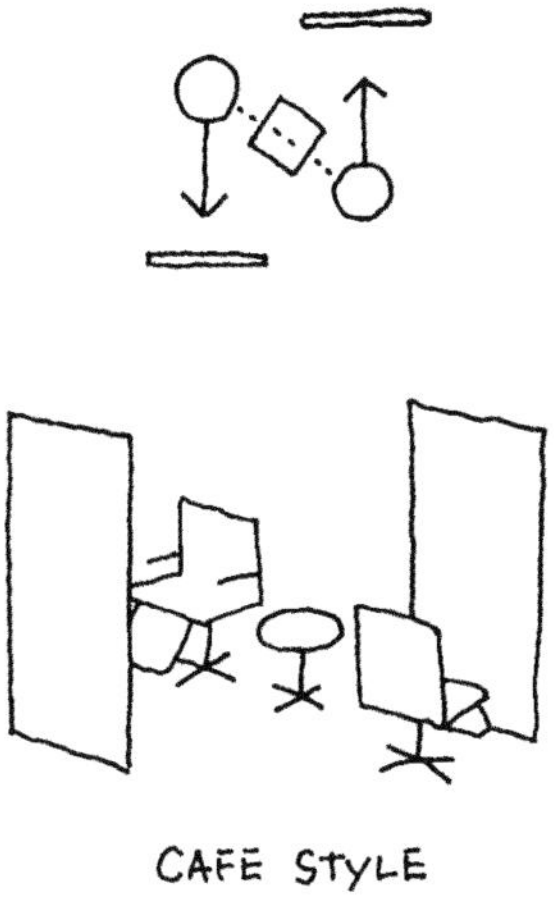

Concept 2 コミュニケーションの活性化

案C 機器 化粧品 空間

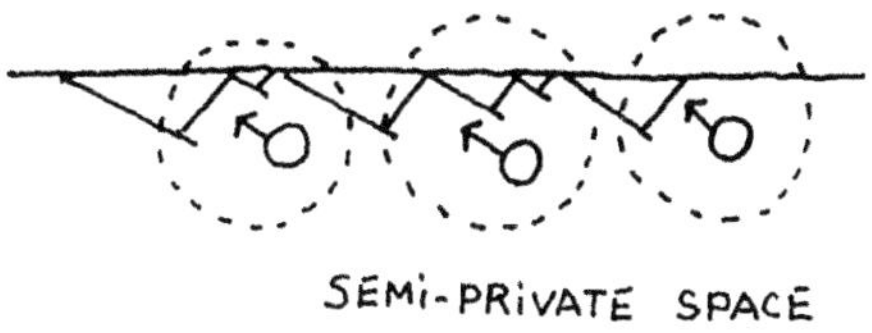

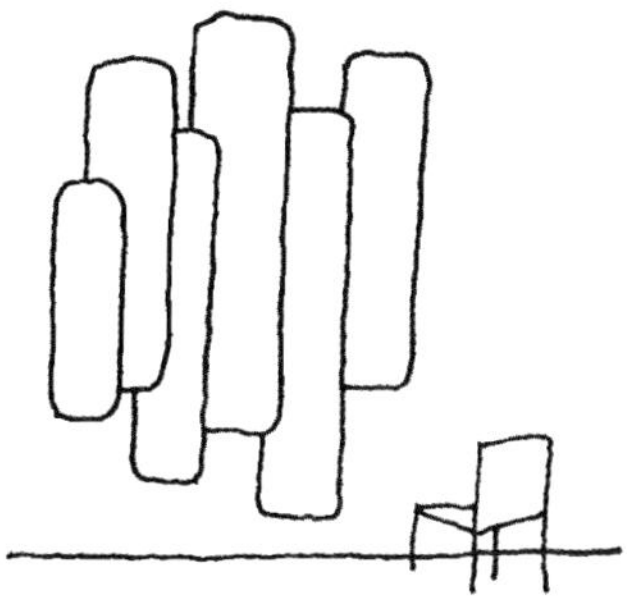

セミプライベート空間

壁面に対して角度を振ることで反対側の鏡の映り込みが気にならない半個室空間

Concept 3　時間のリデザインとネットワーク化

3つ目のコンセプトは、どちらかというとビジネスモデルそのものの提案に近いと言えるものです。理美容室が自分たちの得意分野に特化して、専門的なサービスだけを提供する店はないのかというアイデアです。

これまでの理美容室は、カットやトリートメント、カラーリングやヘッドスパなどを総合的に提供していました。ただサービスの複合化が、それぞれのお店の特徴を出せない原因になっていたり、利用客が「今日はトリートメントだけしてほしいけれど、カットも一緒にお願いしないと悪い」というような、個別のニーズに応えにくい状況になっていました。つまり、トータルサービスしか受けにくい状態になっている。にもかかわらず、利用客は忙しくて理美容室に行く時間がなくなっているのでは、という仮説をもとに立てたコンセプトです。

サービスを専門化する

ここでは、それぞれが専門店としてサービスを提供して自分たちの得意分野を磨き上げます。例えばカットが得意なスタイリストは、カットだけを提供する店舗を作り、トリートメントやヘッドスパに関しても、その技術だけを極めた専門職のスタッフが、自分の技術に特化した店を構えるという「高単価・専門店化」という考え方にもとづいた提案を行いました。

サロンが質の高い専門サービスだけを短時間で提供できれば、利用客は気に入った施術のみを、少し時間が空いたときに気軽に受けられます。理美容室側から見れば、自分の得意な技術をそれに見合った価格で、しかも高い回転数で提供できる。こういう仕組みをデザインできないかと考えました。このコンセプトなら、前述の3つの問題のうち、来店サイクルの長期化と優秀な人材の確保という2つの問題が解決できそうです。

家具として提案したのが、カット専門店に向けたハイスツールにもなる椅子。全身のプロポーションを見ながら、髪型を見られるというメリットを訴求したものです。普通の椅子にもなり、ハイスツールにもなるという構造は、飲食業界のリサーチや、座りっぱなしで血行の流れが悪くならないよう時々立って仕事ができる環境を取り入れている北欧のワークスタイルからヒントを得ました。基本的には座ってられて、最後にスタイリングをするときだけハイスツールになるという構造を取り入れています。

「時間軸」ということを考えると、化粧品で言えば先ほど解説したような鮮度を重視した腐るシャンプー。化粧品を使い切るタイミングが、次回の予約タイミングとなるような、リピートの呼び水になってくれる効果も期待できそうです。

案A 機器 化粧品 空間

立ってスタイリングしてもらえる椅子

寄りかかる、あるいは軽く腰掛ける体勢でカットをすることで、全身のバランスを確認しながらカットやスタイリングが可能な椅子。省スペース化を可能にして空間を有効活用できる

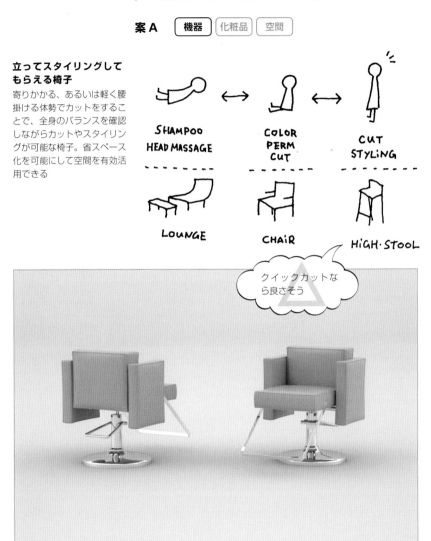

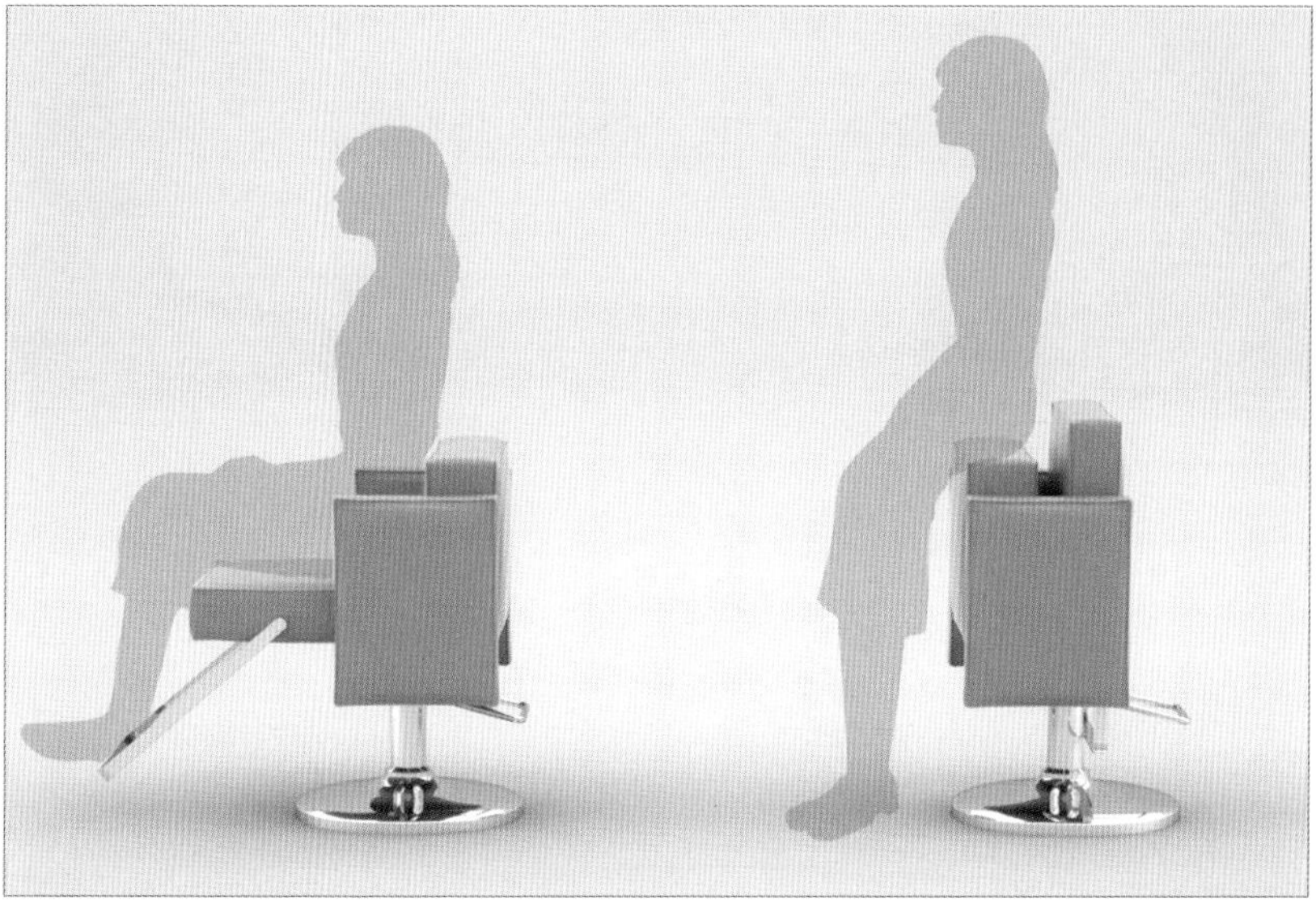

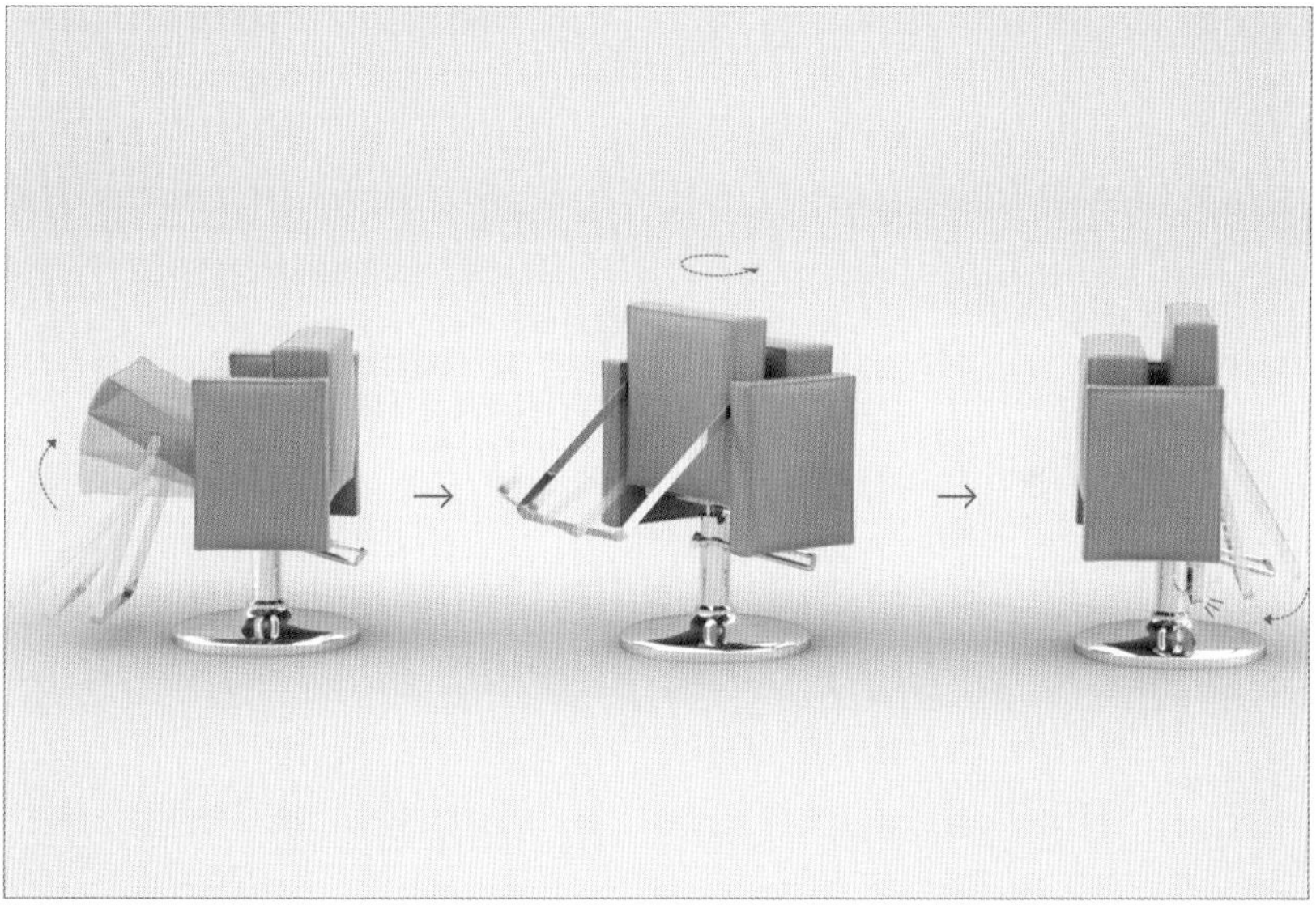

案A

機器　**化粧品**　空間

1　相談

「鮮度」という顧客に訴求できる魅力が、そのまま「リピート率」という店舗のメリットにつながるところが面白い

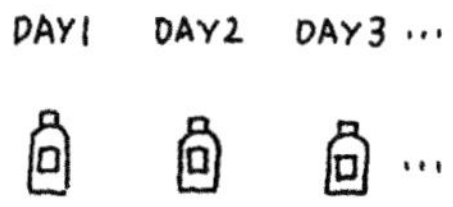

2　使い切れる日数分だけを販売

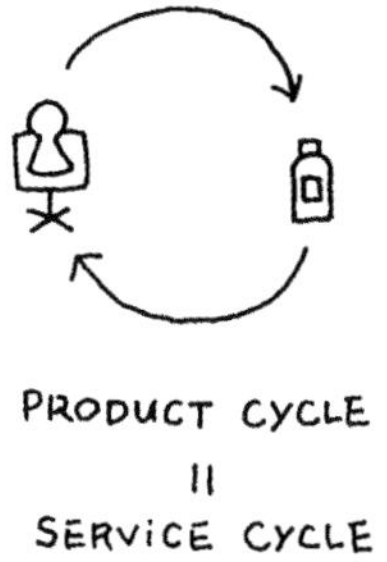

3　使い切るタイミングと次回予約のタイミングを同期させることで高いリピート率を確保できないか？

鮮度を売りにしたシャンプー

商品の鮮度を強く感じさせる「腐る」化粧品。1回ごとに使い切る少量個別包装で、防腐剤を添加せずに冷蔵で保存する。無添加・天然であることを直感的に訴求

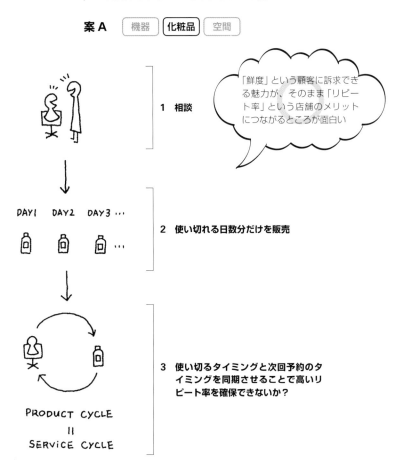

Concept 3 時間のリデザインとネットワーク化

案 A　機器　化粧品　**空間**

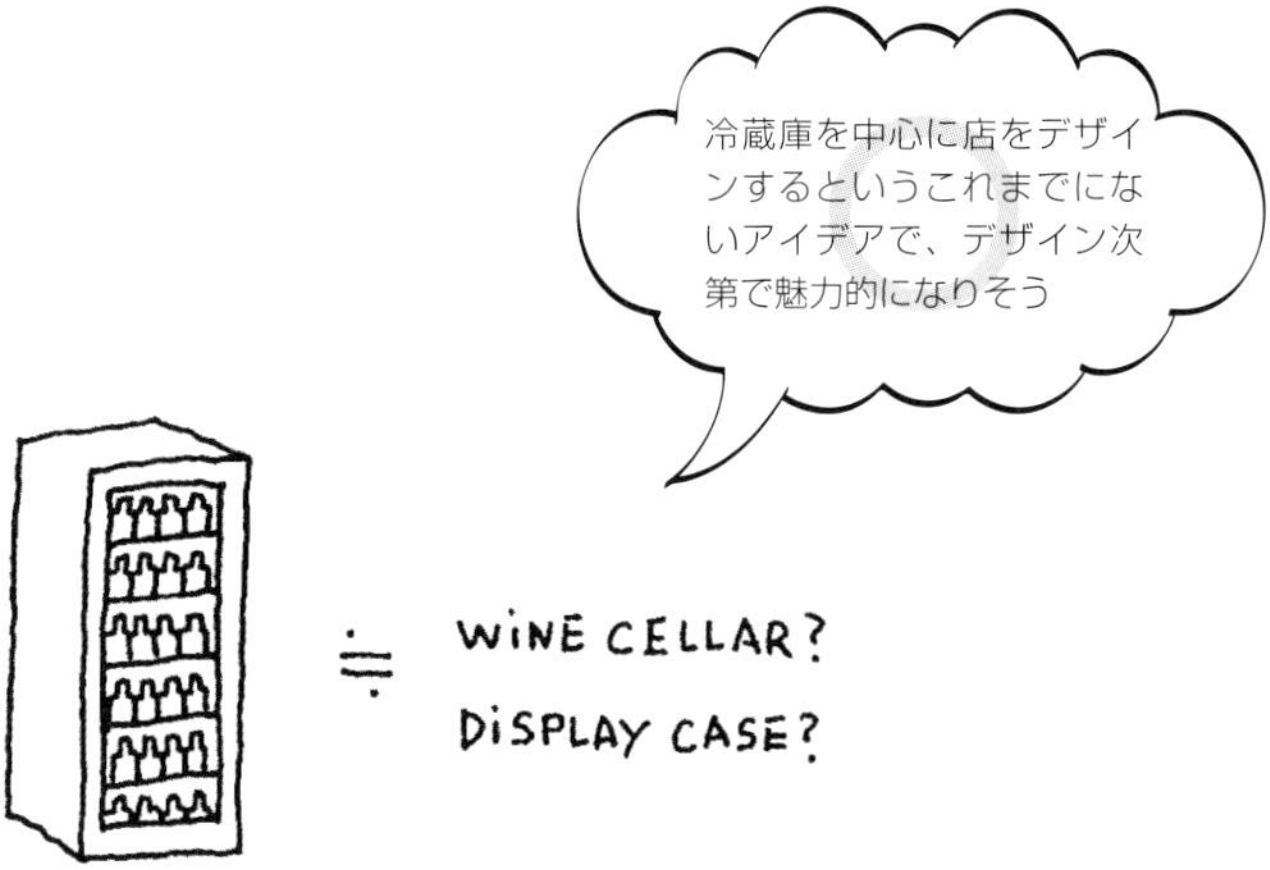
冷蔵庫を中心に店をデザインするというこれまでにないアイデアで、デザイン次第で魅力的になりそう
≒
WiNE CELLAR?
DiSPLAY CASE?

化粧品の鮮度を保つ冷蔵庫

化粧品提案Ａの化粧品用「冷蔵ケース」を生かした空間デザイン。「鮮度」の象徴として空間のアクセントに

案B 機器 化粧品 **空間**

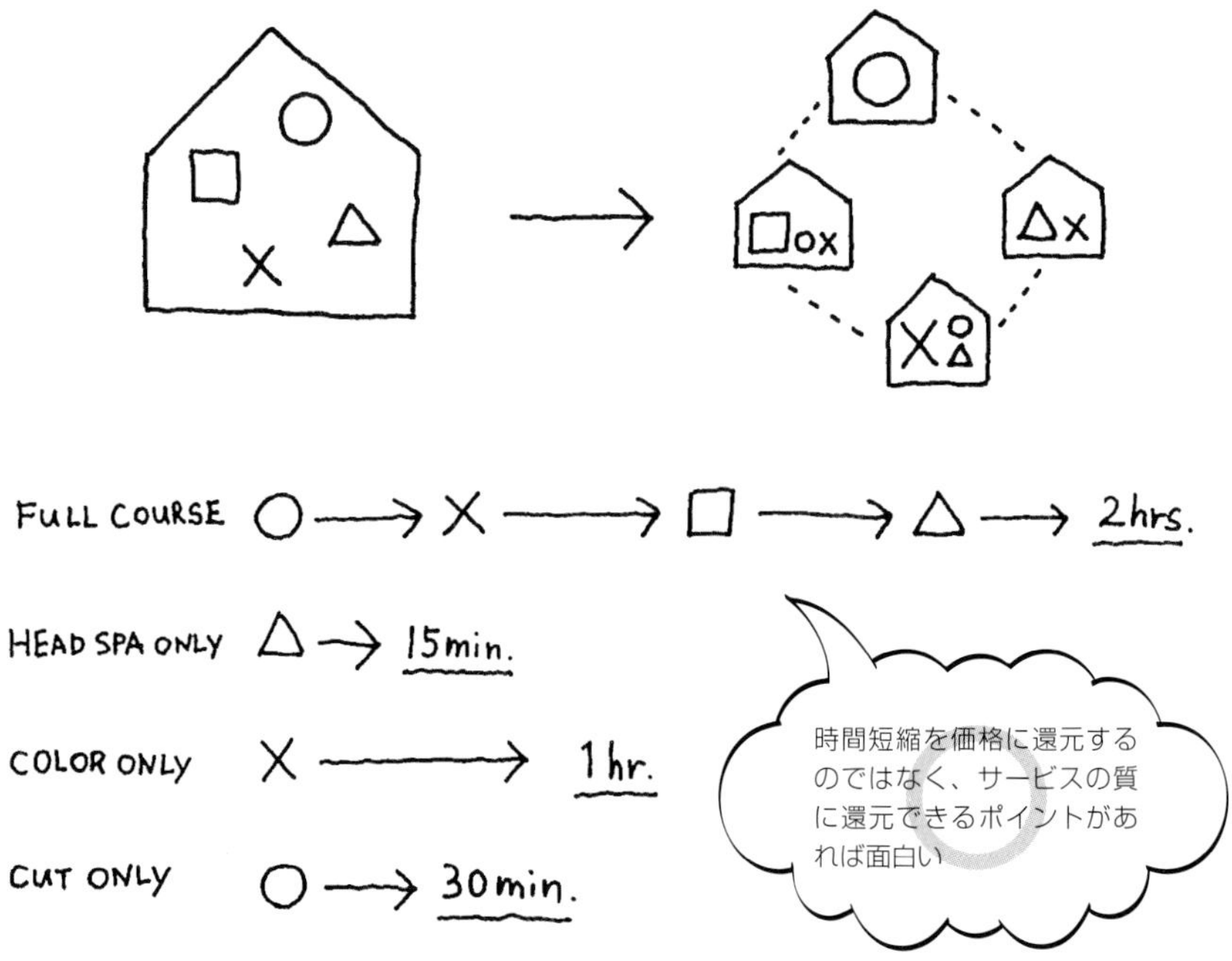

高単価な単機能専門店

カットだけ、トリートメントだけといった単品サービスによる高単価な専門店。得意技術のみを極められたりと、従業員の育成やモチベーションの向上にも寄与。店舗間で顧客情報を共有し連携することで、顧客はどの店舗に行っても同じサービスを受けられる

Concept 3 時間のリデザインとネットワーク化

ビジネスモデル提案

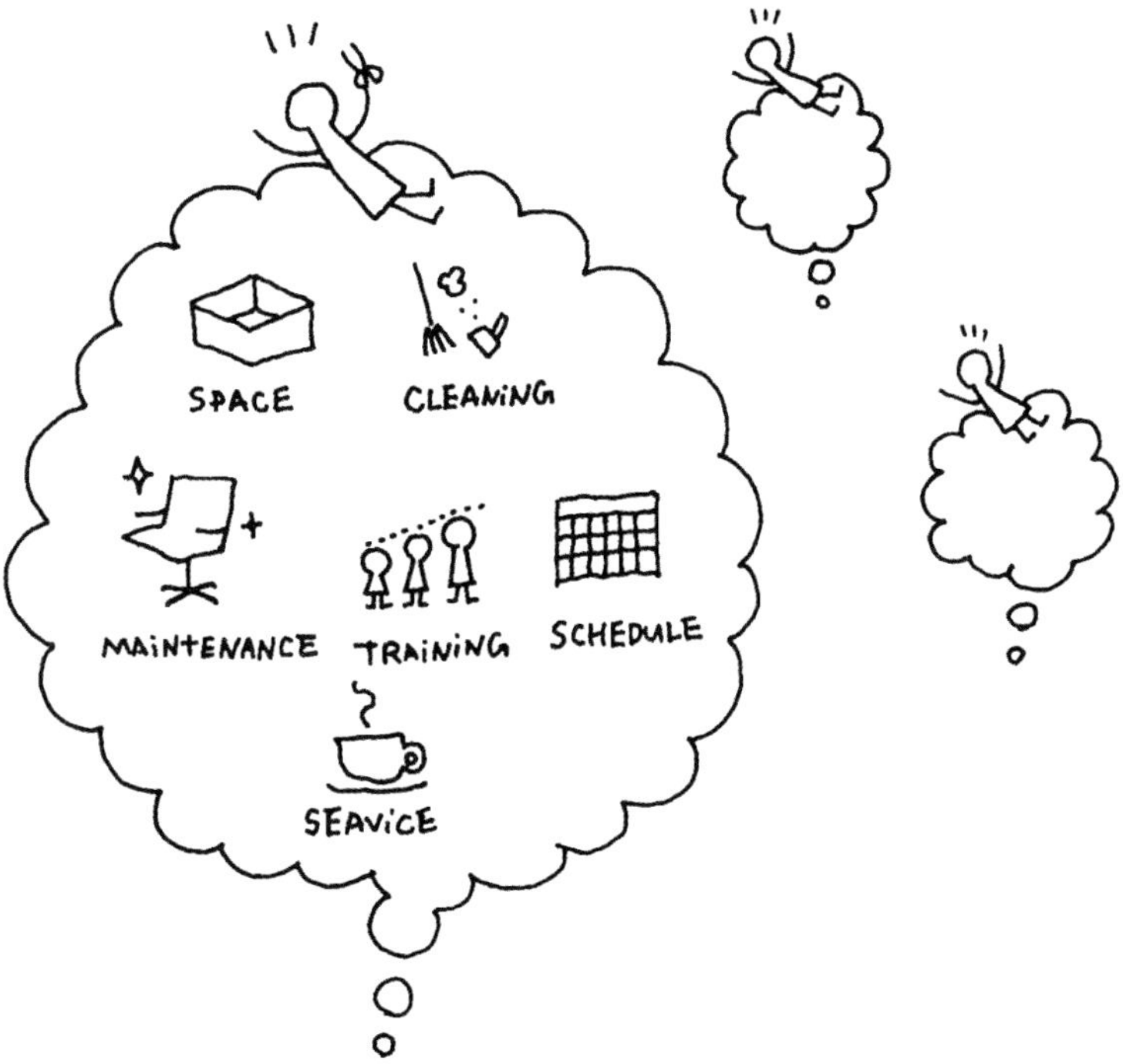

店舗運営のアウトソーシング

「ハード」ではなく「ソフト」の提供に特化した理美容室向けのプラットフォーム事業。例えば備品管理や各種メンテナンス、清掃、スタッフの教育と管理、受付業務、予約管理などを提供して、サロンは顧客満足度向上のみに集中できる仕組み

消費者視点でコンセプトをまとめる

私が大切にしているのは、だれもが具体的にイメージできる完成度でデザインをクライアントに提案する、という姿勢です。今回のタカラベルモントのプロジェクトでは、デザインをするうえで椅子がポイントになると考えていました。椅子が決まれば、空間のイメージも固まりますし、それに合わせたサービスや化粧品の見せ方も決まる。そして、椅子は人に近いものですから、安全性や快適性、作業性が求められ、さらに開発のしやすさなど制約や条件が厳しい。あらかじめネガティブ要因を抽出するためにもきちんと議論しようと考えました。

そこで、前述の3つのコンセプトに基づくデザインをできるだけ具体的なビジュアル資料で提案したのです。すると、その瞬間から非常に活発な議論が生まれました。このデザインだと、背もたれが厚すぎてロングヘアを切りにくい。昇降時に手を挟んでしまうのではないか…。多くの指摘や改善点が集まりました。

一方「これまで思いもつかなかった椅子のデザイン」という意見もありました。「今まで短時間カットは安いものというイメージしかなかったため、時間と技術を買う、という考え方が新鮮」

と、前向きに議論できるものも出てきます。こうした案を吸い上げて、どんどんブラッシュアップさせていくのです。

良い悪いの反応がダイレクトに返ってきて、その意見はネガティブなものもポジティブなものも、一度すべて冷静に整理し直します。そしてプライオリティを付けながらデザインに落とし込んでいくのです。すべての意見を「研ぎ石」や「サンドペーパー」と捉えて、それらを使ってピカピカになるまでデザインを丁寧に磨いていくような作業です。

つまり、ラフの段階で提案してしまうと、クライアントの想像力に委ねないといけない部分が多く出てきてしまいます。絵コンテやラフスケッチを見ただけで、その映像やデザインが機能するかを判断できる優秀な経営者もいますが、そこまでできるようになるには、相当な経験が必要です。普通は確実に見落とされる部分が増え、「こんなはずじゃなかった」という事態につながります。

理想としては、クライアントが作り手側としての視点を超えて「いちユーザー」としてワクワクしたり、驚いたりしてもらえるレベルまでプレゼンの具体性は高めたいと思っています。つまり「こういう風にお客さんに使わせたい」ではなくて、「こういう使いかたをしてみたい」という主旨のコメントが出れば、それが私にとってのプレゼン成功の合図です。

この案を受けて、タカラベルモント側からもさまざまなアイデアを私たちにぶつけてくれました。「時間」と「カスタマイズ」という考え方を組み合わせると、朝と昼と夜とで全く違う業態になる理美容室が作れるのではなど、すでに蓄積されていたタカラベルモントのノウハウや知見が一気に引き出され、非常に面白い案が飛び交いました。

このようにやり取りを重ねるうちに議論がどんどん発展していきます。しかし半年もないという短期間の今回のプロジェクトでは、そろそろ収束させないといけません。

ここで特に高い評価を受けたのが、椅子で言えば74ページのフレーム構造のもの。これまでのタカラベルモントにはないデザインだと言っていただきました。椅子を昇降・回転させるときの仕組みの改善や、長く座り続けるときの快適性は確保できるか、といったいくつかの課題をクリアできれば、この椅子を軸に、化粧品・空間全体のデザインを作れそうです。

ビジネスモデルの考え方では86ページで解説した「高単価・専門店化」というコンセプトの評判が高かった。このような理美容院があれば、若いスタッフは自分の得意な技術だけを磨き上げればよいので、効率的な技術教育ができる。それを高い単価で提供できれば、市場の拡大や活性化につながります。では、こうした仕組みをどのようにしたら実現できるでしょうか。

まず必要なのは、高単価・専門店化の業態の魅力を消費者に伝え、納得してもらえるコミュニケーションのデザインです。

そこで、消費者視点からそのメリットをどう伝えられるかを改めて考えました。作り手の立場にいると、利用者の気持ちになってその心理を理解するのは難しいものです。私の場合は、その気持ちを図や絵にすることで消費者視点から何が求められているかを直感的に理解し、共有するよう試みています。それが次ページのメモ。過去からの理美容室の来店頻度の変遷と、その頻度が世の人々の美しさにどう結びつくかを描いたものです。

人の情緒を分かりやすく表現する

昔と比べて、理美容室の利用頻度は減ってきています。理美容室に通える頻度が低くなれば、世の人々の「美しさ」のラインも下がるのではないか。世の中、総じて理美容という面で鮮度が保てなくなっているという仮説を立てました。

理美容室に行くと、1回あたり2時間や3時間はかかってしまう。まとまった時間がとりにくくなっている忙しい現代の人にとって、気軽に通いにくい場所になっているのでは。そこでカットだけ、またはトリートメントだけ、カラーリングだけといったように専門店を街のいたるところに置けば、思い立ったときに立ち寄ってもらえる。そしてその時間は1回30分程度。この手軽さを実現できれば、例えば3週間くらいの頻度で利用者は通えるのではないか。こまめに通えれば人は常に美しい状態をキープできる。こういう世の中を目指しましょう、という提案です。

「デートの直前」だったり、「プレゼンの前に気合を入れるために」など、ちょっとしたイベントの前にも気軽に行ける。各店舗をネットワーク化して顧客のカルテを共有化できれば、どこのお店に行ってもお気に入りの髪型にしてもらえるし、この店で施術するスタッフは専門に特化した高い技術を持つ理美容師だから、新しい髪型についてももちろん相談に乗ってもらえる…。そんなコンセプトを、分かりやすく図解して組み立てていきました。

このようにして浮かび上がってきた新サービスのキーワードが「鮮度」です。美の鮮度を保つために3週間ごとに30分通う仕組み。これを「3/30（スリー・サーティ）」というブランドとし、理

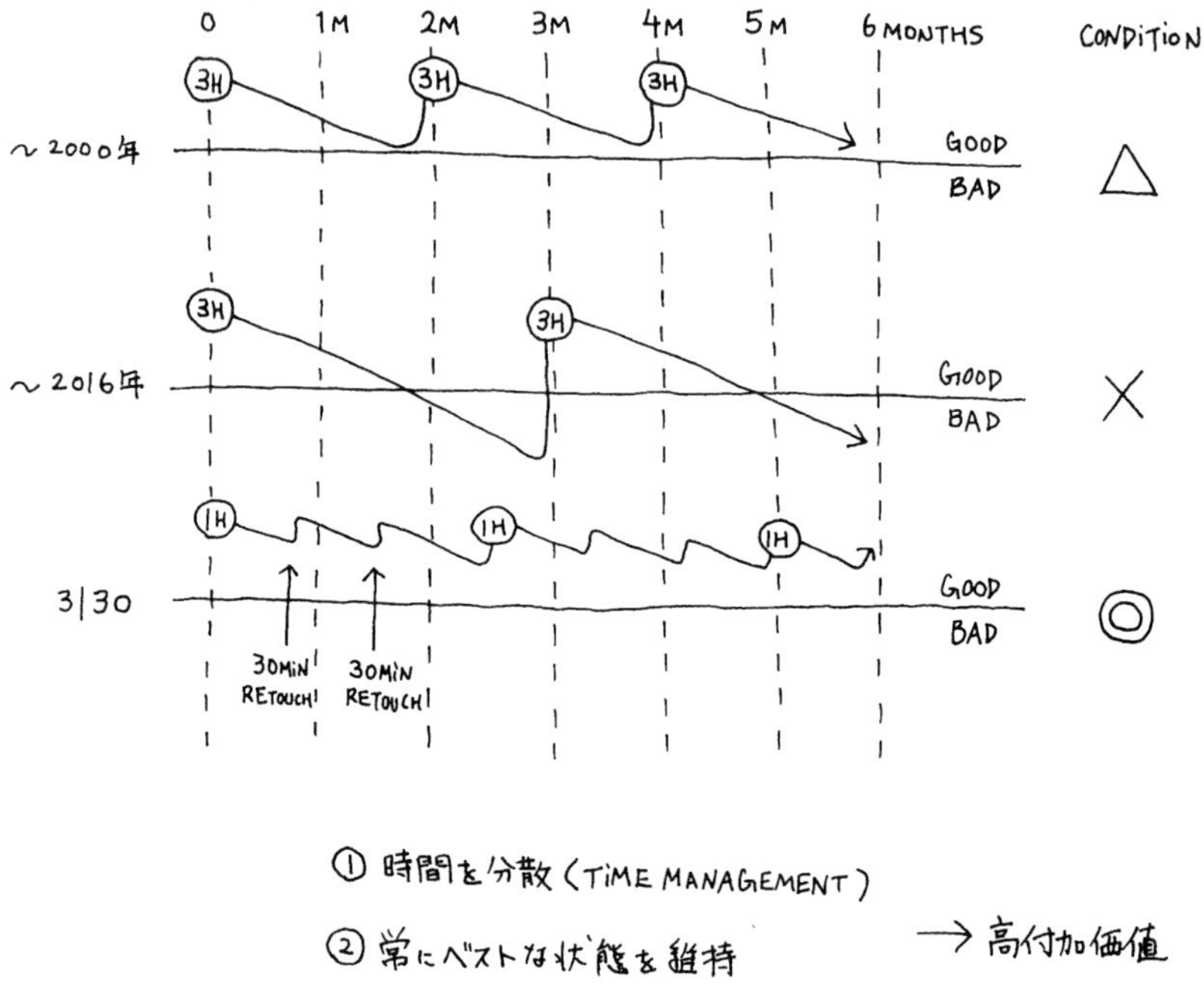

消費者体験をチャート化

過去、現在、そして今後のサロン利用の状況を消費者視点でグラフ化した図。理美容室の来店頻度が下がると人々の美しさがどうなるかを、2軸にしてまとめた。

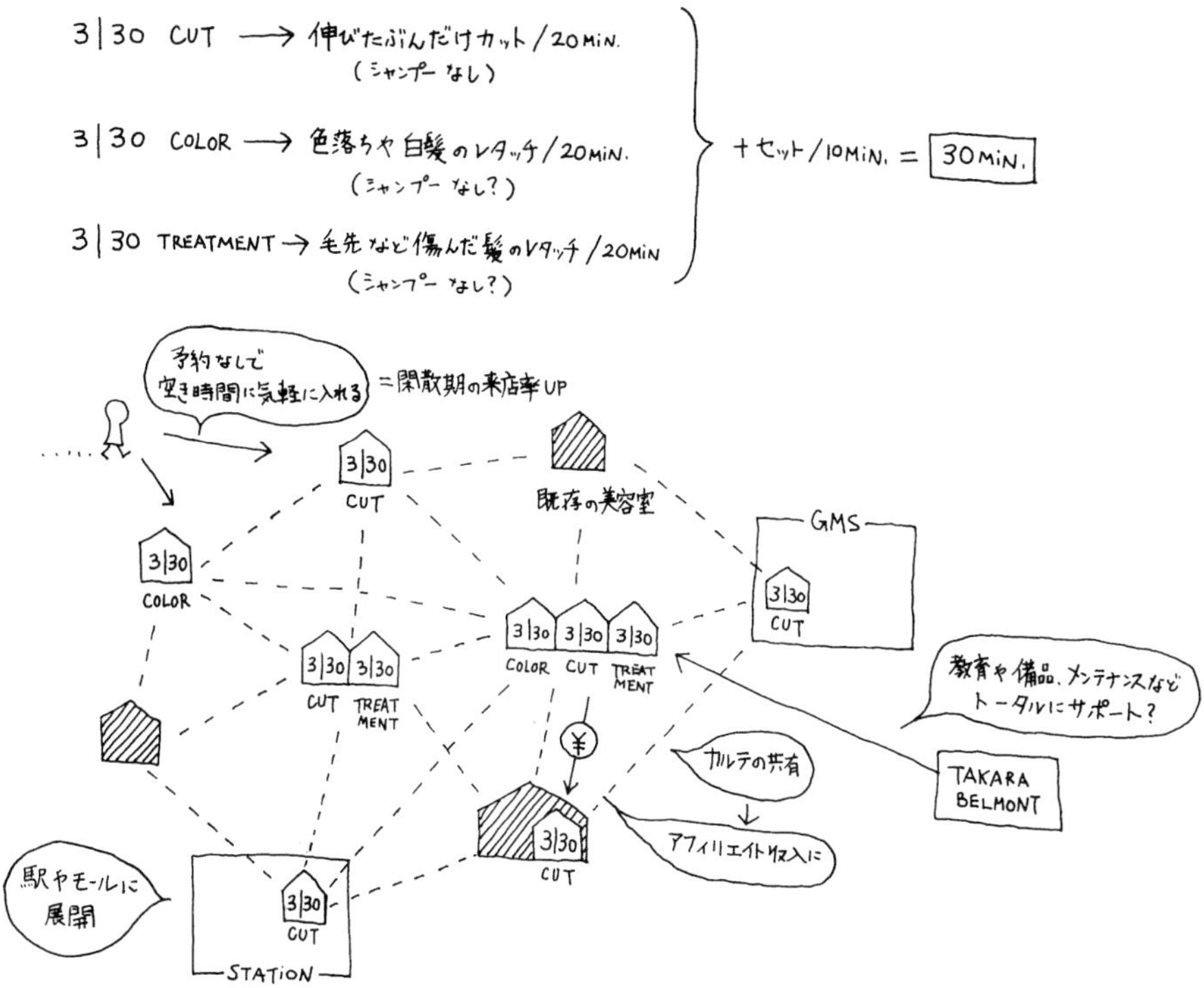

ビジネス展開チャート

カットやパーマだけなど、単機能の専門店がネットーワーク化するとどのような利用体験が可能になるかを示した図美容室のビジネスモデル、そのための空間や機器、化粧品のトータルでのデザイン提案を行いました。この3/30の椅子は提案のなかで最も評価の高かったデザインを採用。長時間座ることがないからこそ実現できる、軽やかな椅子のデザインとなりました。

空間に関しては、例えばフードコートや駅のちょっとしたスペースに出店できるように、椅子のフレーム構造を踏襲したキューブ型のユニットタイプの店を提案。化粧品は「鮮度」の象徴となるよう、冷蔵庫に入れて保存します。椅子と化粧品は共通のデザインにすることで、化粧品を購入してくれた利用者は、家に帰ってからもこの3/30のことを認識してくれる。ブランドのイメージをしっかりと訴求することにも配慮しました。

もともと、この「高単価・専門店化」という考え方は、「来店サイクルの長期化や利益減」と「優秀な人材の確保」という2つの問題を解決するためのコンセプトでした。しかし、さまざまなアイデアを組み合わせ、消費者視点からアイデアを磨いていくことで「どこに行っても同じサービスレベルの施術を気軽に利用できる」という、3つ目の問題だった「新サービス創出」の問題も解決できるアイデアへと成長したのです。

複雑に絡む問題を解決する際、いきなりたくさんの課題を一気に解決できるような発想を生むのは簡単ではありません。そこで、まずは2つの課題に絞って、それを解決できるアイデアをたくさん考えるのです。そしてそれを吟味して、多数のボツを生み出しながらさらにアイデア同士をつなげていったり、アイデアを補強したりする。これにより、いつの間にかいくつもの問題を串刺しで解決できる案やデザインが生まれるのです。

ボツ活用のプロセス①【レイヤー型】

タカラベルモントのケースで採用した、ボツ活用例のフレームワーク。複数の事業をまたぐような新規事業開発プロジェクトなどで有効になる、いわば「レイヤー型」

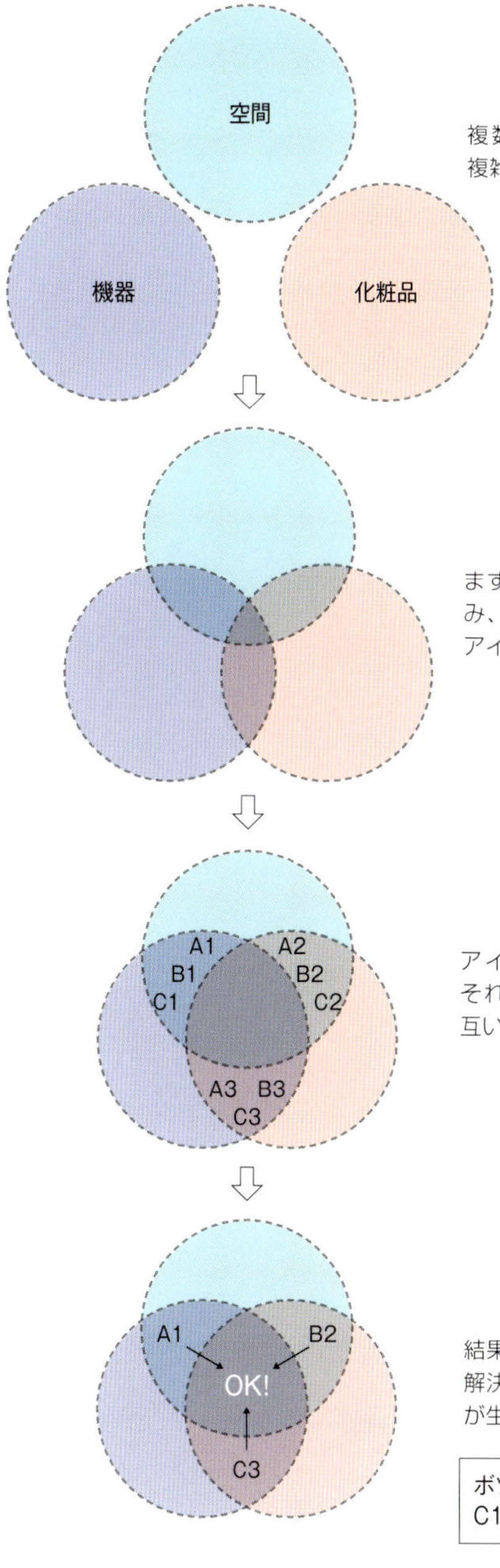

複数の組織が絡み合う複雑な問題の場合

まず2つの事業に絞り込み、そこを串刺しできるアイデアを考える

アイデアを多く提案し、それぞれの案を吟味して互いの案を組み合わせる

結果的に、すべての問題解決につながるアイデアが生まれる

ボツ案：A2、A3、B1、B3、C1、C2に付随する全案

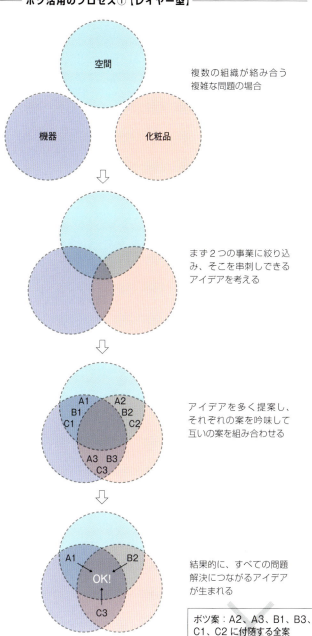

3/30のコンセプトをまとめたスケッチ。タカラベルモントの各事業が、このコンセプトを基にどのような問題を解決できるかを考察した

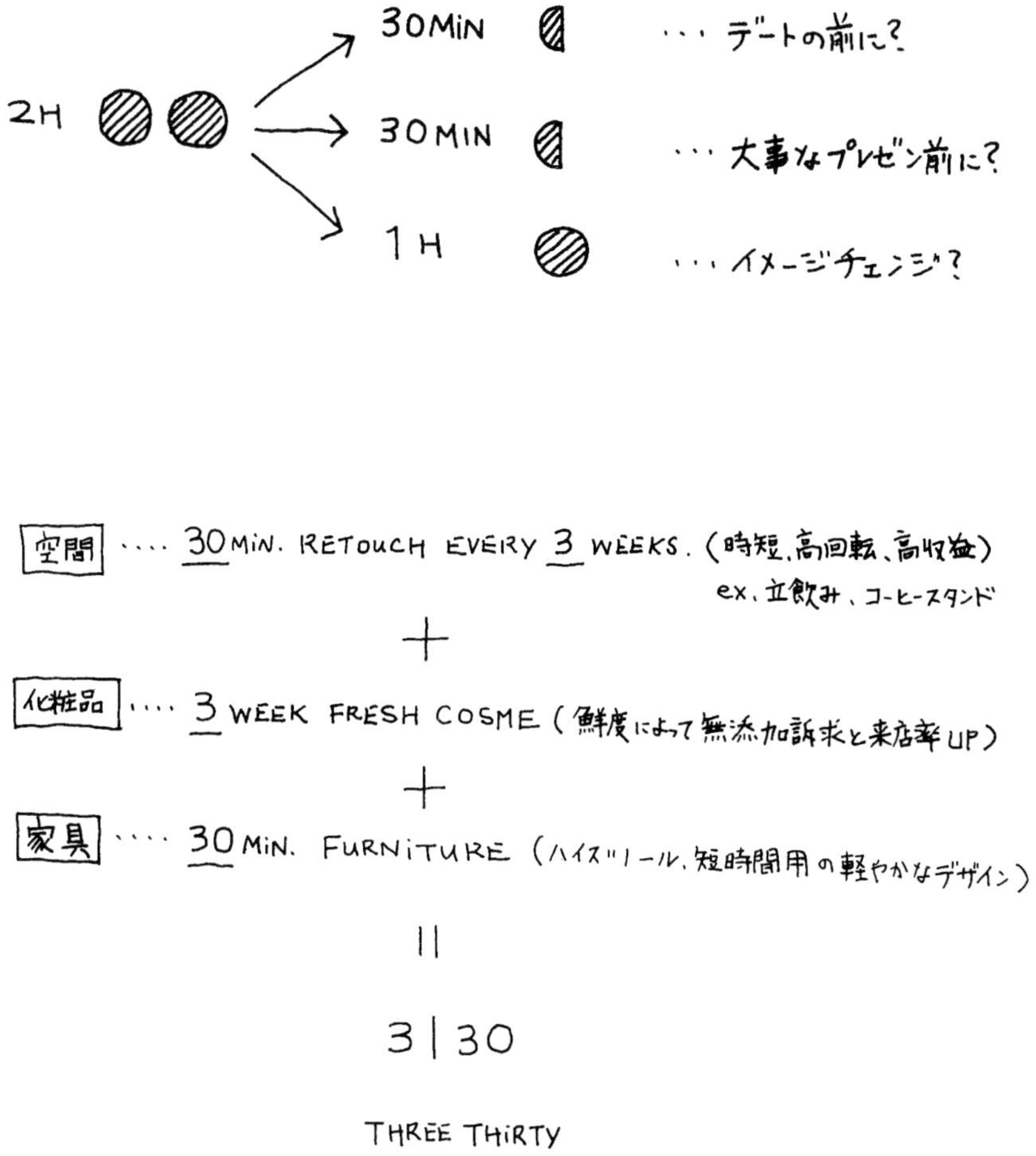

これまでの議論をもとに、「３週間に１度、30分で綺麗になり、自分を新鮮に保てる」をコンセプトにした理美容室を提案。そのブランド名を「3／30」とした

3/30
THREE THIRTY

店舗ロゴ

3/30
THREE THIRTY
cut

3/30
THREE THIRTY
color

3/30
THREE THIRTY
treatment

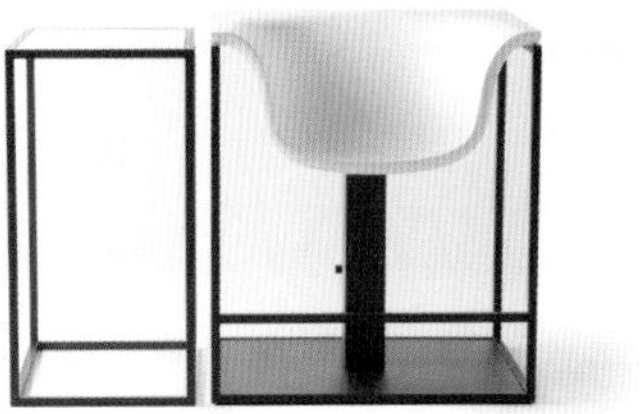

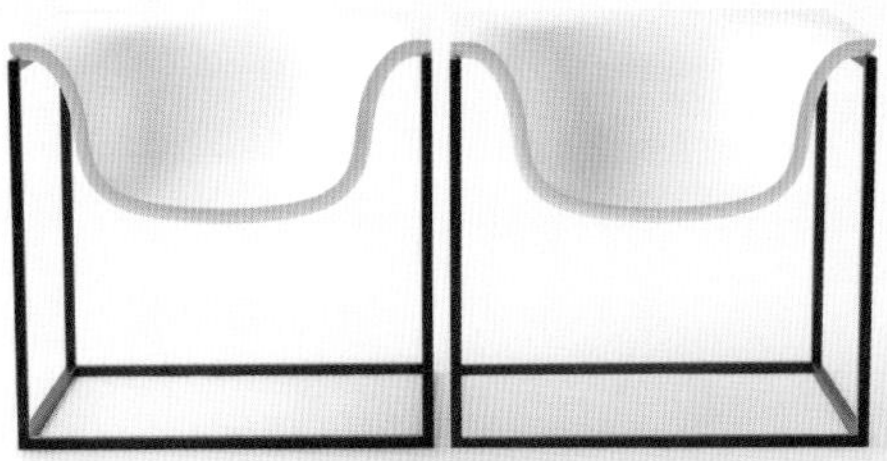

スツールや鏡、ブックシェルフやワゴンと、好評だった椅子のデザインをもとに、あらゆるデザインを同じテーストに　（98ページから103ページの写真：吉田明広）

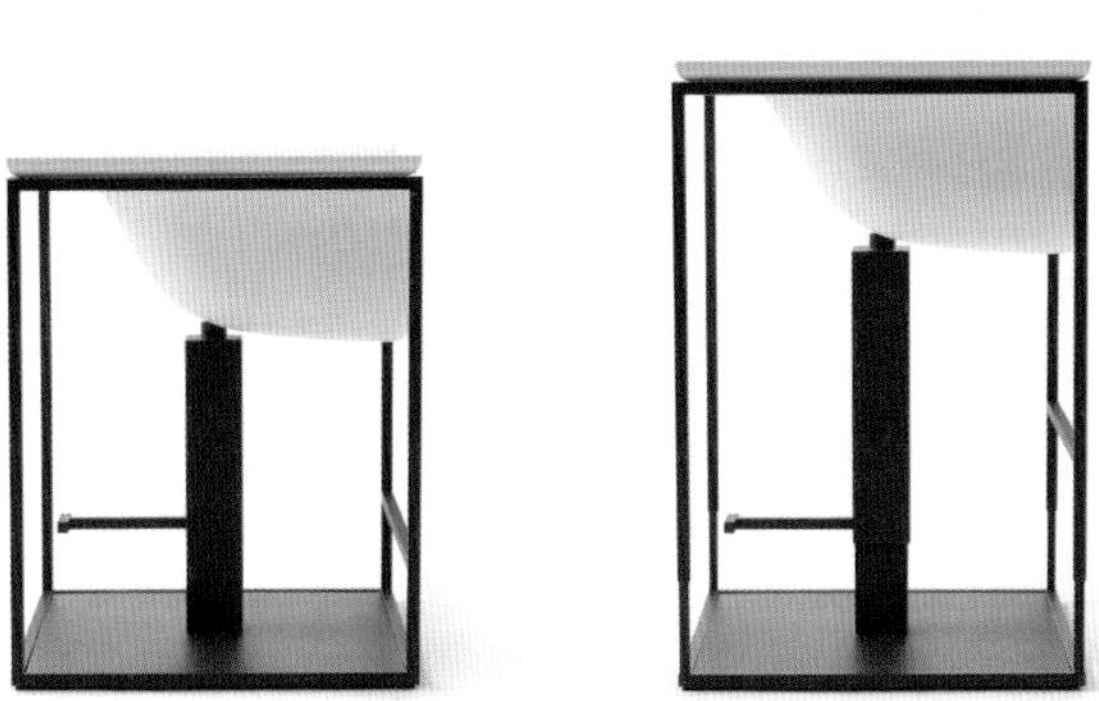

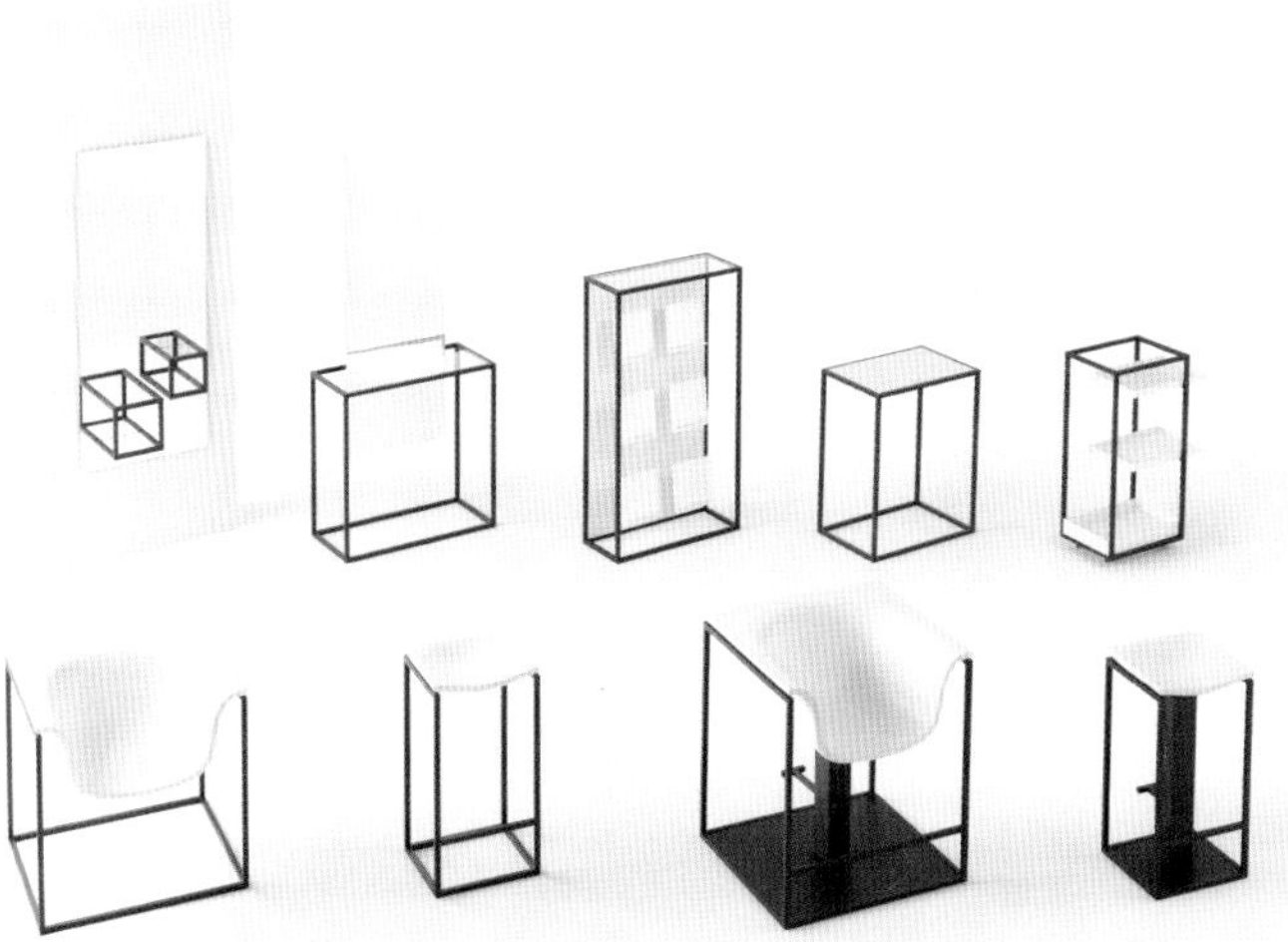

化粧品のデザイン完成形

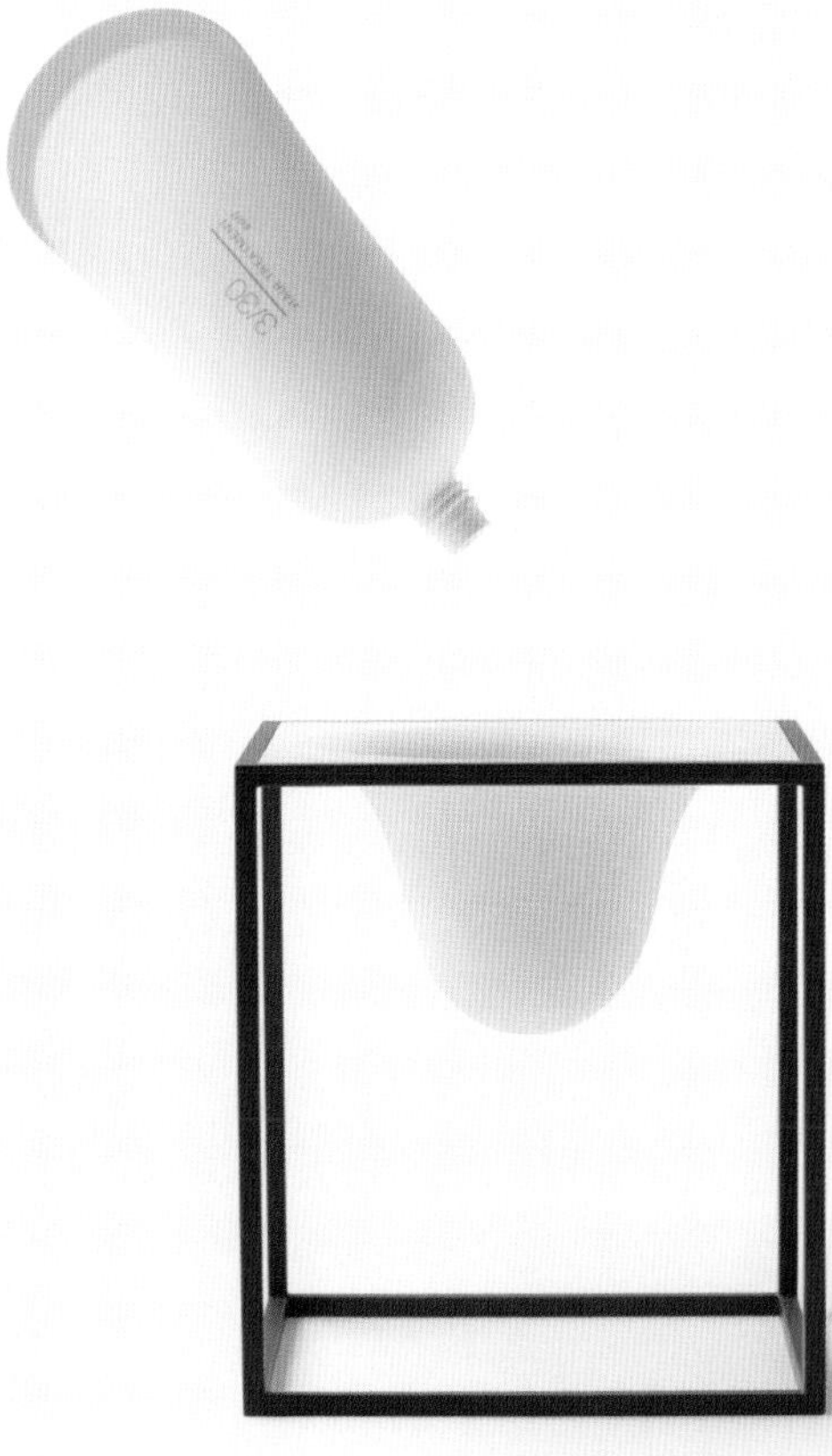

化粧品も椅子デザインをベースにしたデザインを採用。左ページ下は化粧品用の冷蔵庫

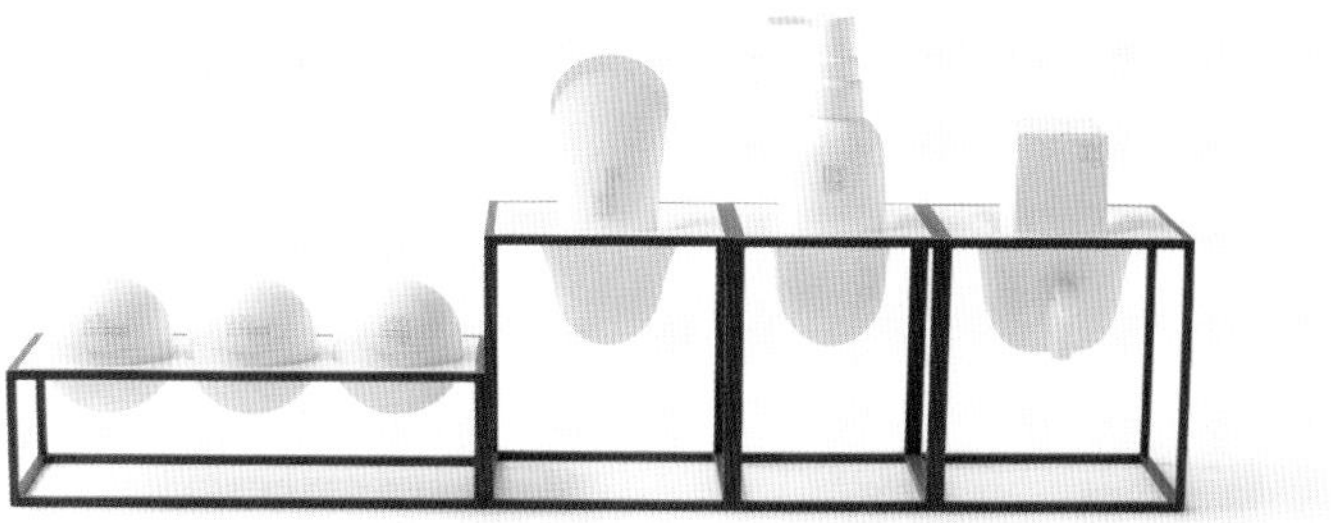

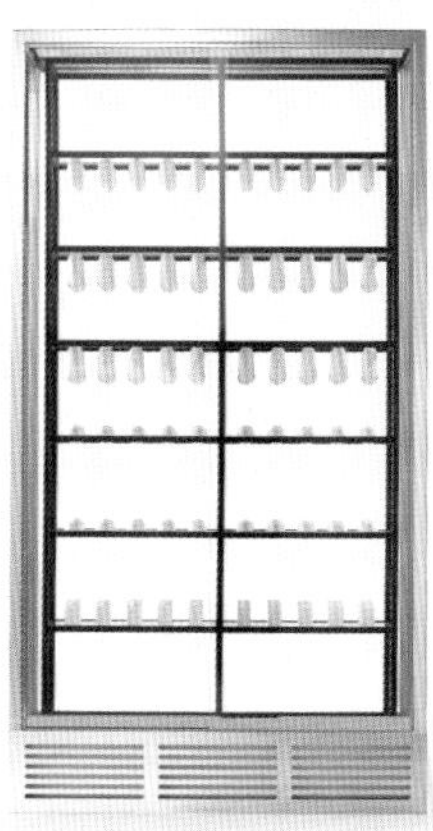

単機能店舗だからこそできる、小ユニット型の店舗デザインも提案した

第3章

ボツ案を育てる

好循環を発生させるデザイン

多くの人から愛される良質なブランドを生み出すためには、ユーザーとのあらゆる接点を丁寧にデザインして、信頼関係の連鎖を起こし、成長の好循環を生むことが欠かせません。例えば、消費者がある商品を購入するシーンを想定してみてください。そこには、さまざまなブランドとの接点が存在します。まずは広告を通じたイメージ作りや、店舗における商品との出会いの演出。購入する時や持ち帰って開封するときのワクワク感を作り出すことも大切です。そして商品そのものの使い勝手に配慮することはもちろん、使っていて誇らしくなるような高い感性価値も必要でしょう。

ユーザーが商品を通じて体験するあらゆる部分を適切にデザインできれば、ユーザーはそのブランドをどんどんと好きになり、ファンになってくれるのです。それは、そのブランドの別の商品への興味につながり、そこでも同じような体験を提供できれば、もっとファンになってもらえる。そんな循環を生むことがブランドづくりには必要です。

また、飲食店やサービス業の場合、インテリアから制服、そして食器などあらゆる舞台装置を整えることで、顧客以上にまず従業員が誇りを持つことができます。その誇りを生むことができれば、それは質の高いもてなしに直結して、訪れた利用客にもっと楽しんでもらうことができる。

適切な場所に、適切なデザインを施すことで、ブランド価値を大幅に高めるような好循環を生もうとする取り組みは随所で行われていますが、私たちの最新の仕事では、早稲田大学ラグビー蹴球部（以下、早大ラグビー部）のブランドデザインが、まさにそれに当たります。

チームの意識を変え、強くする

大学ラグビーの日本一を決める「全国大学ラグビーフットボール選手権大会」で早大ラグビー部が最後に優勝したのは２００９年1月のことでした。しかしその後、帝京大学に7連覇を許して優勝からは遠ざかっています。

２０１８年に迎える創部１００周年までには、必ず日本一に返り咲きたい。そうしたなかで２０１６年2月、かつて同部の主将として日本一を経験した山下大悟氏を新監督に迎え、新しい方針の下でチームの再生へと動き始めました。

その山下監督がまず着手したのが「ソフトパワーを活用して外部からチームを盛り上げること」。つまり、チームのブランディングだったのです。ブランディングのパートナーとして一緒に仕事をしてほしいと、山下監督が私たちのオフィスにやって来たのが、就任前の２０１５年12月のことでした。

ここで私たちが狙ったのが、デザインによるブランディングで2つの好循環を作り出すことでした。1つはインナーブランディング。まずは選手やスタッフ、コーチに向けて、デザインを通じてチームの方向性や戦略を明快に伝える工夫をします。そのことでチーム1人ひとりのやるべきことが明確になり結束が強くなる。そして、結束が生んだ勝利がさらにチームの自信へとつながり、チームの方向性を一層確かなものにするという循環が生み出せるのではないかと考えました。

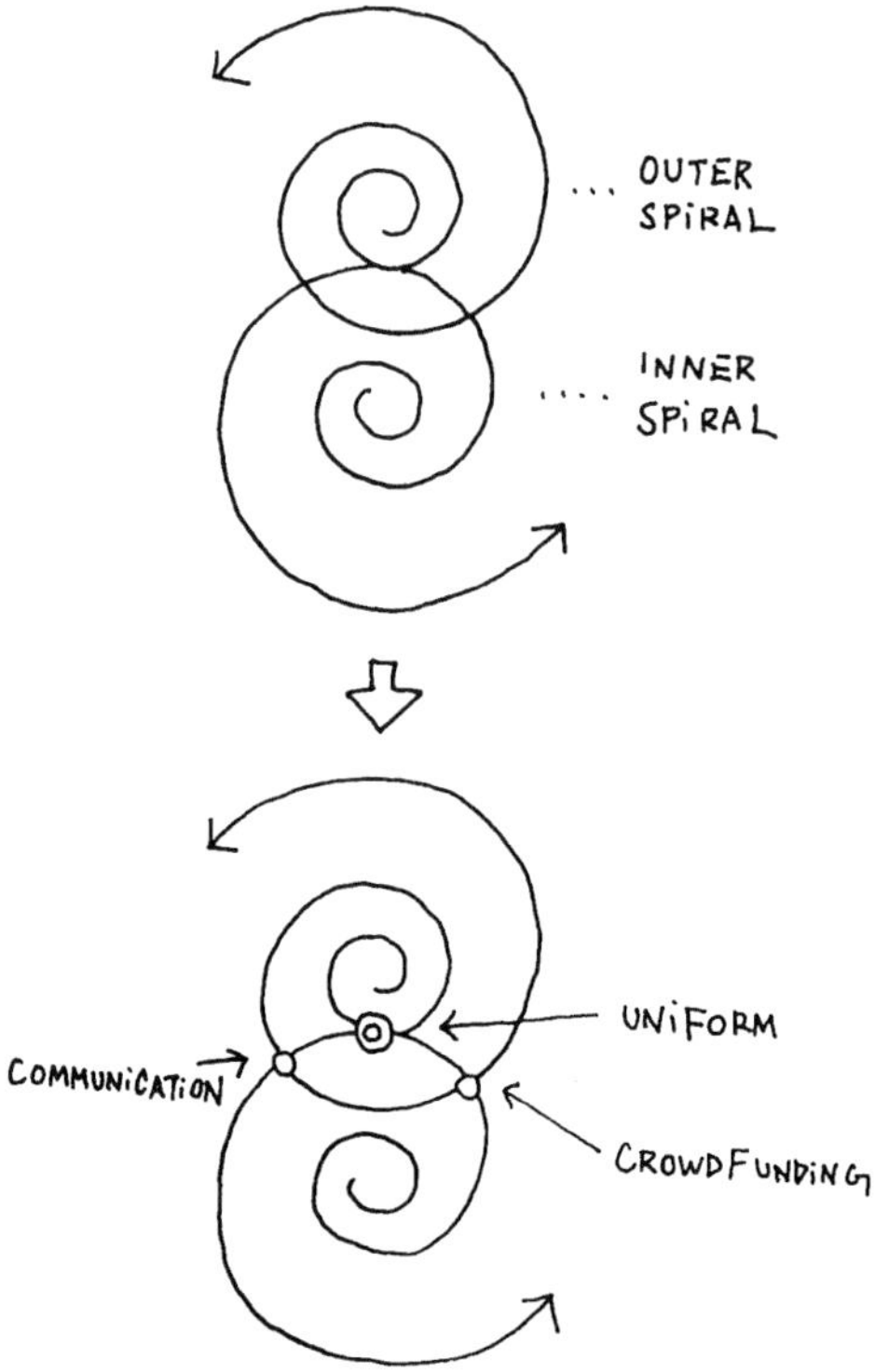

好循環を生むデザイン
ユニフォームやスローガン、クラウドファンディングなどさまざまな起点をデザインすることで、チーム内のブランディングと外向けのブランディングという2つの好循環を同時に起こす

もう1つは、外部に向けた魅力の連鎖を生み出すことです。チームの戦い方やチームカラーをファンに分かりやすく伝え、試合をもっと楽しく感じてもらう。多くの人が試合を見に来てくれファンが増えていけば、寄付やグッズなどの売り上げを通じてチーム強化のための資金獲得につながり、選手のための投資ができる。それによりチームはもっと成長し、試合はより面白くなり、さらなるファンが増えるはず…。

実は、早大ラグビー部の予算は年間数千万円ほどしかありません。かたやライバル大学のラグビー部は数十倍の予算を持つと言われています。コーチを始めとするスタッフがチーム専属で働くための費用や、トレーニング用の設備投資など、アマチュアチームとはいえ今の大学スポーツで勝利を得るためには潤沢な資金が欠かせません。

そこで必要なのは、チーム強化に加え、OBをはじめとするファンやスポンサーにこれまで以上の関心とチーム愛を注いでもらい、寄付などの支援体制を強固にすること。チームの魅力作りは、そのままチーム強化に直結する重要なテーマなのです。

私の仕事は、この内と外との2つの循環を生み出す「起点」となりうるあらゆるタッチポイントをデザインすることでした。ユニフォームや練習場、応援グッズ、さらにはチームスローガンやウェブサイトをはじめとするコミュニケーションなど。選手がより強くなり、それによってファンがもっと増えるためには、選手とファンの目に触れるあらゆる場面に魅力を与える必要があります。そして、そのなかでも両者の循環を生み出す起点として最重要だったのが、ユニフォームのデザインでした。

勝利のためのユニフォーム

チームの結束強化のためのインナーブランディング、そしてファン獲得のためのアウターブランディング。その2つの命題を同時に叶えるユニフォームを作るのに必要なのは、着ることで強くなる機能性と、着ている選手が魅力的に見えるエンターテインメント性です。

まずはデザインのイメージを固めるため、各国の代表やプロリーグのユニフォームを取り寄せて、機能性を検証しました。動きやすさはもちろん、敵から裾を掴まれにくくするためにぴったりとフィットする素材を使用しているなど、さまざまな考察から気づきを得る一方、「グラウンド上で選手を強そうに見せる」ための研究も行いました。

それが、人間の筋肉の流れや量感を意識しながらデザインすることでした。選手の体の形に合わせ、早稲田大学ラグビー部の伝統色である赤黒、つまり膨張色となるえんじと収縮色となる黒の色を配置し直すことにしたのです（117ページ）。鎧や甲冑のデザインも参考にし、特に肩の部分を膨張色で強調することで、相手に対して威圧感を与えるデザインになるよう工夫しました。

次にエンターテインメント性という面ではどうするか。選手が強く見えるだけではなく、今回のデザインでは選手の動きや試合をもっと魅力的に見せることにも力を入れています。例えばショービジネス化が進んでいる米国のスポーツ界では、ユニフォームも試合を魅力的に見せる要素の1つだと考えられています。一方で日本のスポーツ界の場合、そこまでの役割がユニフォームに込められていないと感じました。

グラウンド上で選手の動きを魅力的に見せるユニフォームとはどうあるべきかを検証するため、私たちはとにかく数多くのラグビーの試合動画を見続け、選手の動きをひたすら観察しました（116ページ3）。そこで分かったのは、ラグビーではスクラムを組んだ際の肩や腕、ボールを抱えて走る際の脇周りなど「側面が最も魅力的に映る」ということでした。基本的に選手は前屈姿勢で走るので、実は試合中、ユニフォームの正面はほとんど見えません。バスケットボールやサッカーをはじめとするほかのスポーツとは、根本的にユニフォームの見せ方が違うのだということに気付いたのです。

結果的に出来上がったのは、これまでのように均一にえんじと黒のボーダーを配置する2次元的なデザインとはまったく違うもの。実際の選手の身体を調査し、フィッティングをした上で身体のラインに沿ってボーダー柄を嵌め込むという、まるで体に直接ペイントするようなデザイン開発手法を採用したのです。グラフィックデザインとして考えるのではなく、まさに3次元のプロダクトを作る感覚です。

ボツは宝の山

もちろんこの裏にも、数々のボツ案が存在しています。選手の身体のラインに合わせて色を配置するという案以外にも、実はさまざまなデザインがありました。例えば、左右非対称のボーダー柄のデザインはどうか。早稲田大学の「W」のモチーフを組み込むべく、ボーダーをWに見立てた線にできないかなどいくつかの案を山下監督と検討していました。BとCの案は一度ボツになりましたが、一方で先のリサーチから得た「脇にデザインのポイントを置く」というアイデアにこの2つを組み合わせて、119ページDのような、片方のVのラインが2人並ぶとWに見えるようにしたものも試作しました。結果的に、左右非対称は身体のバランスが崩れて見えるということでそのまま採用はしませんでしたが、これがV字を両脇に配置して全員が並んだときにWの文字がつながる現在のデザインへと発展したのです。

ボツ案を成長させる

このアイデアが生まれるきっかけになったのが、山下監督が話してくれたこれからのチーム戦術でした。「これから目指すのは、切っても切れない『鎖』のようなディフェンスシステムを持つチーム。1人の相手に対して常に2人で立ち向かうようなイメージ」という言葉。選手同士の連帯感を一層強くするためのアイデアを探した時に、答えがボツ案にあったのです。

はじめは方向性の異なるバラバラな角度からの案だったとしても、それがリサーチやヒアリングを経て、複数のアイデア同士がつながることで強いアイデアへと成長。結果的にチームのコンセプトを象徴するデザインに育っていきました。一度捨てたモノにも、宝の山が隠されている。そのような意識で、いろいろなアイデアを活用できないかを、私は常に考えるようにしています。

ボツ案を組み合わせることでアイデアが成長したのは、ユニフォームの背番号をデザインするプロセスでも同様でした。ほかの競技なども参考にしながら、強そうに見えたり、背番号がはっきり認識できたり、伝統を感じられるように見せたりと、さまざまなアプローチからデザインを展開し、それぞれの書体に早稲田大学らしさを感じられる要素を入れました。

背番号については、たくさんの案を山下監督と一緒に見て議論をしながら書体を絞り込み、「文字の縁取りに過去の優勝年を入れる」といった書体とともに提案した多くのアイデアをできる限り反映させたものになっています。

完成したユニフォームのデザインは見ての通り、これまでのボーダー柄とはだいぶ異なるデザインです。「想像以上の出来栄え」と山下監督と周囲のスタッフに評価いただき、幸い大学関係者やOBの方からも、伝統のボーダー柄を変えたことに対する理解をいただくことができましたが、このデザインは、やはり山下監督の強い思いがあってこそ、実現できたと感じています。

今回のユニフォームをデザインするにあたって、山下監督とは事前に「伝統は大切だが、勝つためには伝統を守るのではなく、進化させなくてはならない。そのための変化はいとわない」という話をしていました。しかし、変わりたいという言葉は誰にでも言えることです。実際にどこまで本気で変革を求めているのか。デザインを始めた当時、実際の山下監督の思いがどれほどのものか、私はまだ測りかねていました。

そこでは今回のユニフォームのデザインについて、グラデーションのようにチャレンジ度合いが異なる複数案を提示して、山下監督と相談を続けました。これは結果的に、山下監督やコーチ、スタッフの皆さんにとって、ある種の「踏み絵」というか「覚悟の度合い」を図るためのプロセスとなったように思います。

伝統校だからこそ試される「どこまで本気で変わりたいのか」という命題。その覚悟を問うリトマス試験紙のような役割を、ユニフォームのボツ案が果たしてくれたのです。そして、この時に山下監督が選んだのは、最も挑戦的な案でした。ここまでしたからには、勝つ以外にはないと、後に引けないほどの覚悟と決意です。この選択によって明確化された強い決意が、チームの方向性を確実なものにし、ほかのスタッフや選手、ファンはもちろん私たちデザイナーにも伝わって全員が一枚岩のチームとして機能しはじめたのだと思います。

おそらく山下監督自身も、このユニフォームを選ぶというプロセスを通じて、チームを絶対に変革するのだという覚悟が固まったでは、という気がしています。その意味でも、今回のボツ案は大きな成果を挙げてくれたのです。

とにかく多くのボツを生み出すことを前提で、たくさんの選択肢を組み合わせながらデザインを生んだ早大ラグビー部のプロセスを類型化すると、左ページの図のように整理できるでしょう。百年近い伝統のユニフォームに求められるさまざまな要素を「機能」や「ボーダー」、「伝統を受け継ぐモチーフ」ごとに一度分解します。そして勝つために、また魅せるために必要な要素を抽出し直して、再構成する。各要素から何を選んで何をボツにするか。デザインを選ぶ人の力量や個性が強く反映されるボツ活用型デザインプロセスです。

ボツ活用のプロセス② 【ツリー型】

同部の伝統的なユニフォームに求められるものはなにか、その要素を分解。要素ごとに数々のアイデアを出したうえで、再びそのアイデアを選びなおして再構成するという、いわば「ツリー型」の手法を採用した

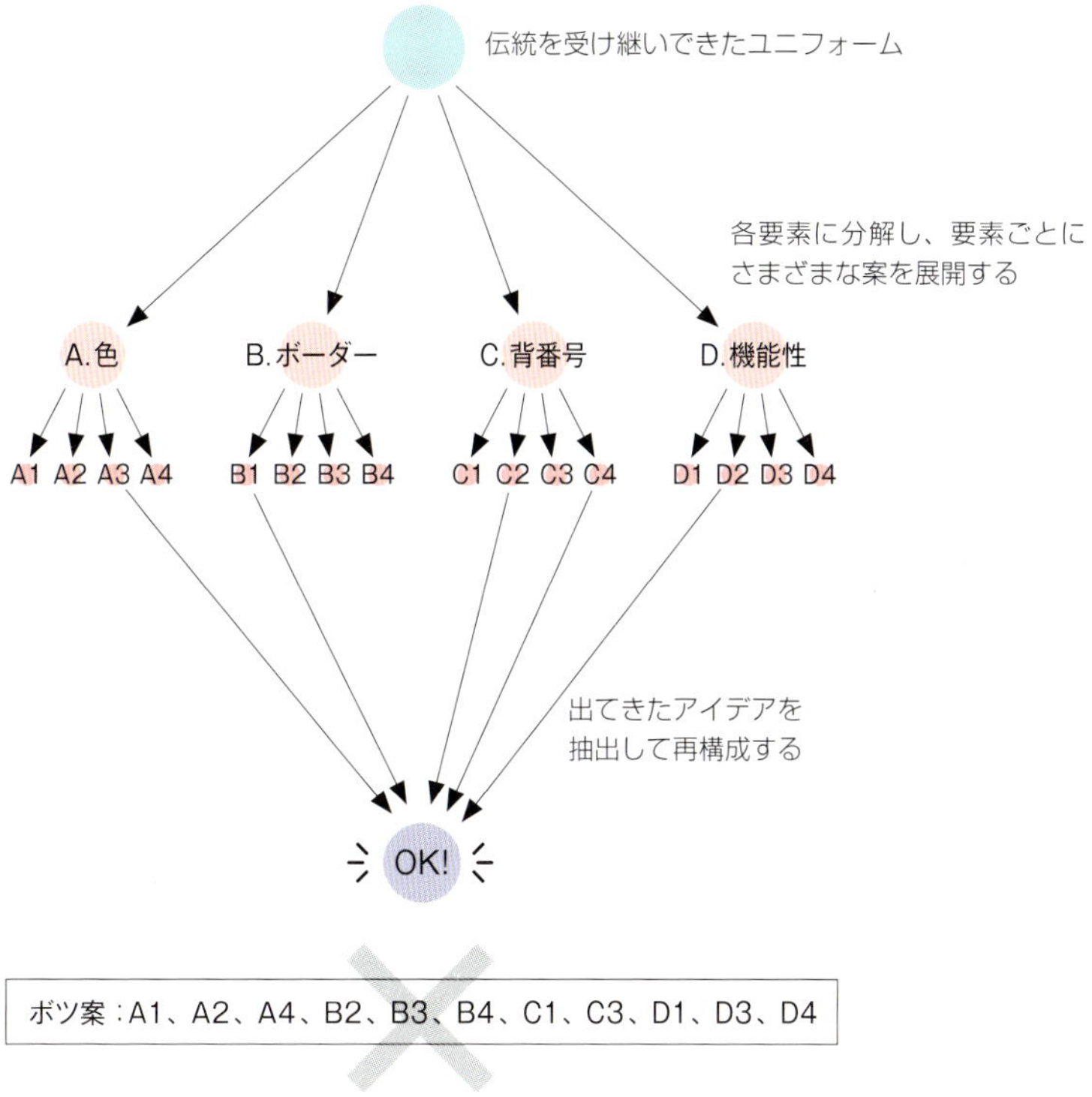

1. 山下大悟監督へのヒアリング

チームの方向性の確認

・キーワードは「チームディフェンス」。個の力で守るのではなく、鎖のようにチーム全体が連動する守備の確立を最優先に取り組む

・もう1つのキーワードが「一新」。これまでパートタイムだったコーチをフルタイム勤務にするなど、組織体制を含めチームを生まれ変わらせる

2. 他チーム、他競技のユニフォームを調査

各国代表チームやプロリーグなどのユニフォームがどのような狙いでデザインされているかを分析

3. 動画で試合風景を精査

選手を観察しながら、どのような動きが試合のキーになるかを考察。ラグビーでは、「脇」の部分が目に入ることが多く、ここの見せ方次第で試合を魅力的にできることが分かった

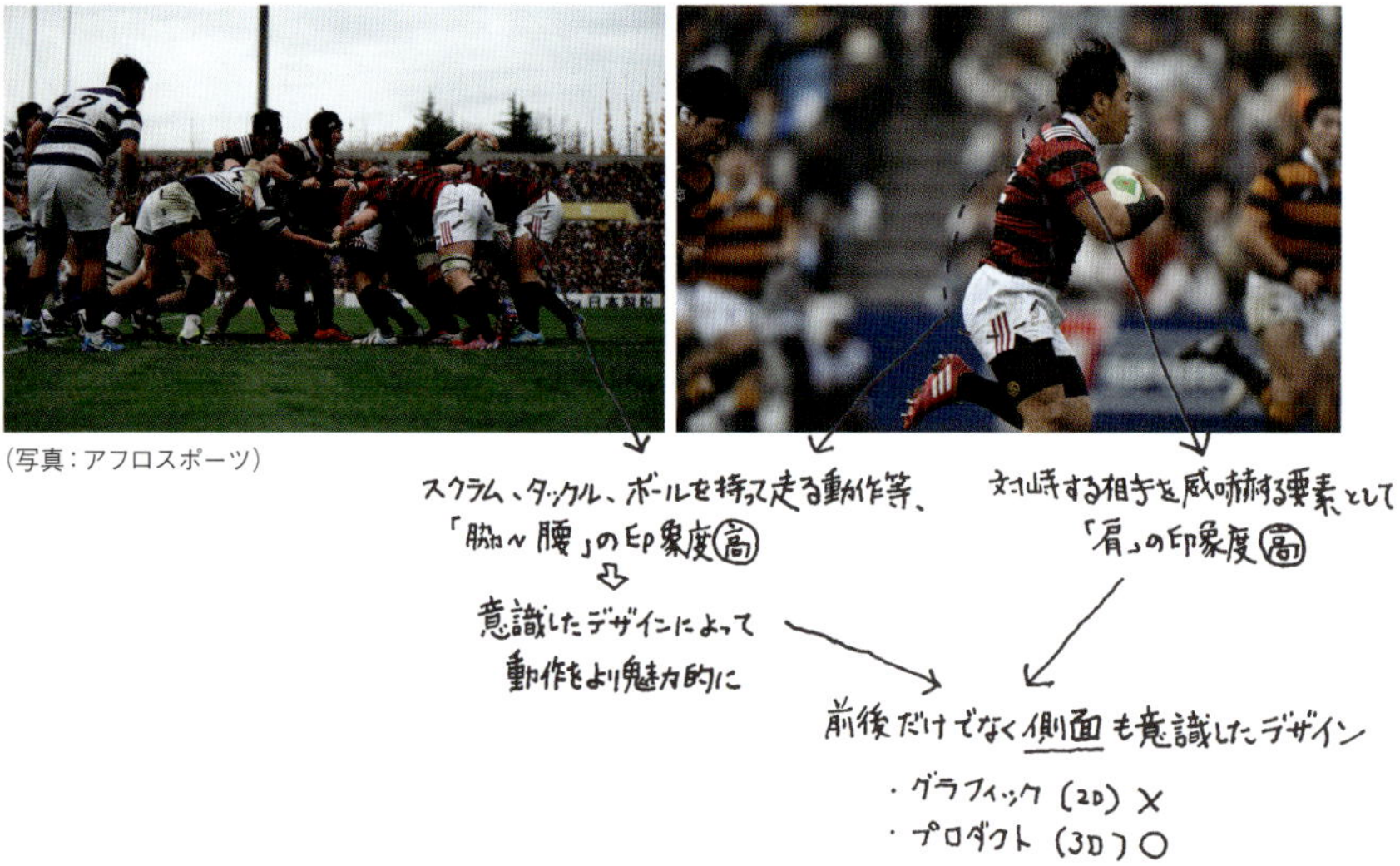

スクラム、タックル、ボールを持って走る動作等、
「脇～腰」の印象度(高)
意識したデザインによって
動作をより魅力的に
対峙する相手を威嚇する要素として
「肩」の印象度(高)
前後だけでなく側面も意識したデザイン
・グラフィック（2D）×
・プロダクト（3D）○

(写真：アフロスポーツ)

4. 身体のラインを研究

選手の身体を魅力的に見せるため、ラインに沿って柄や模様を当てはめていった

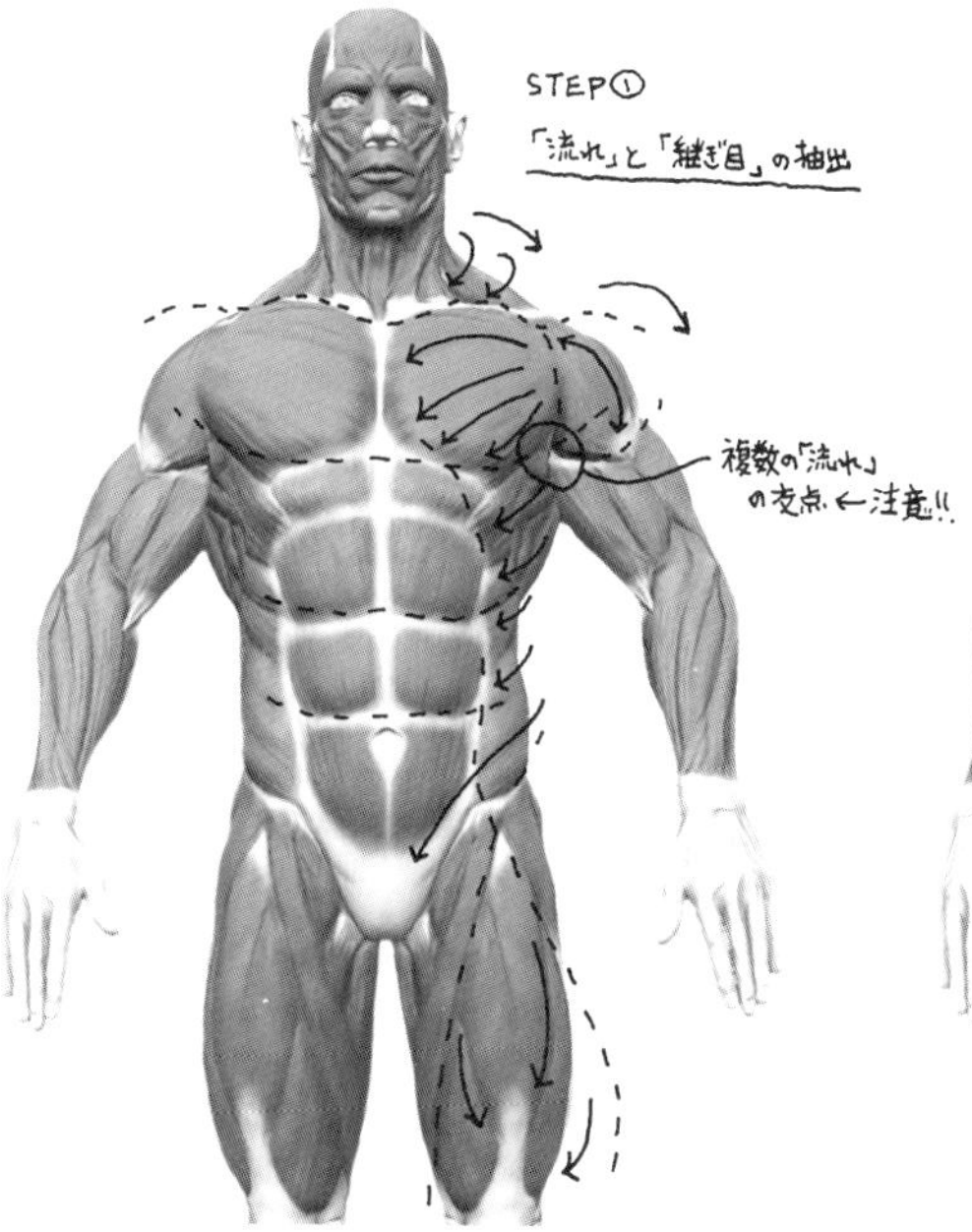

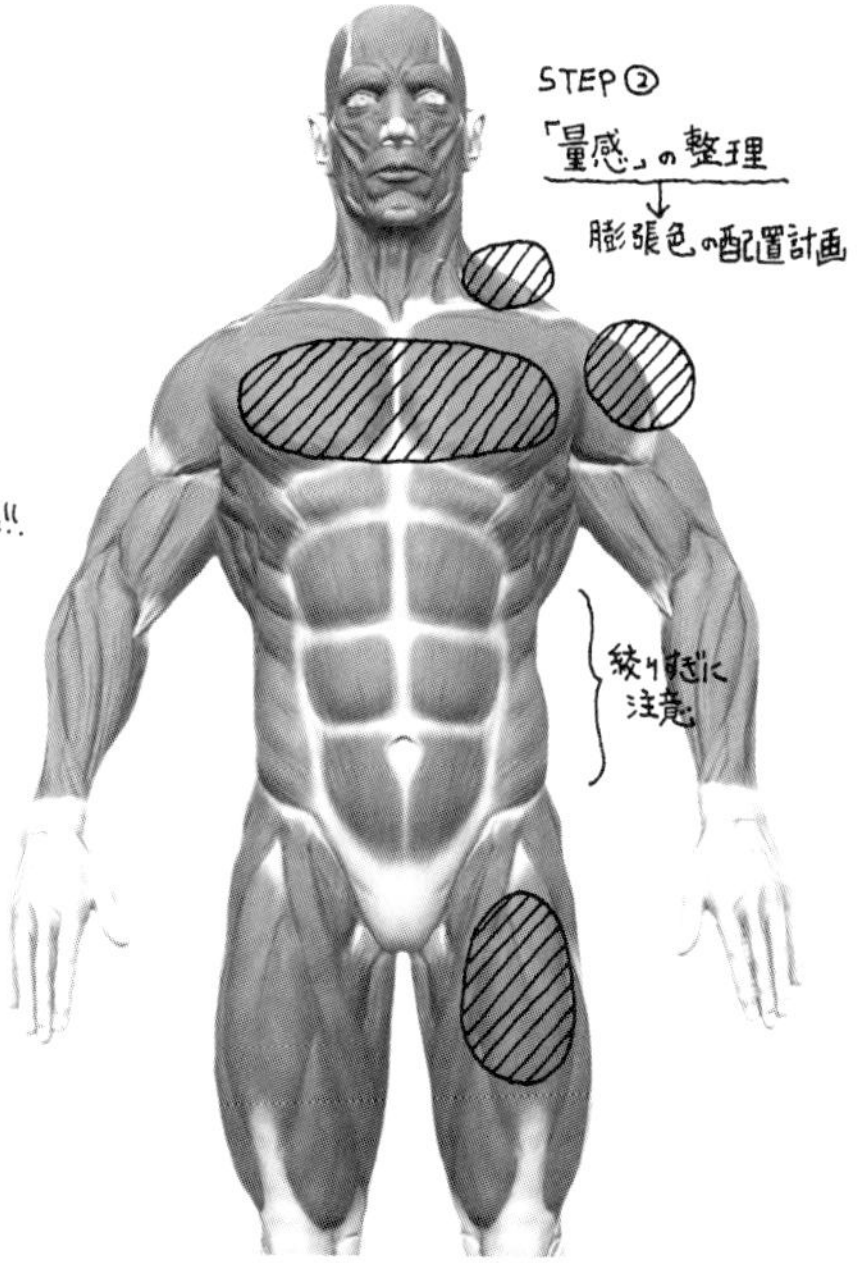

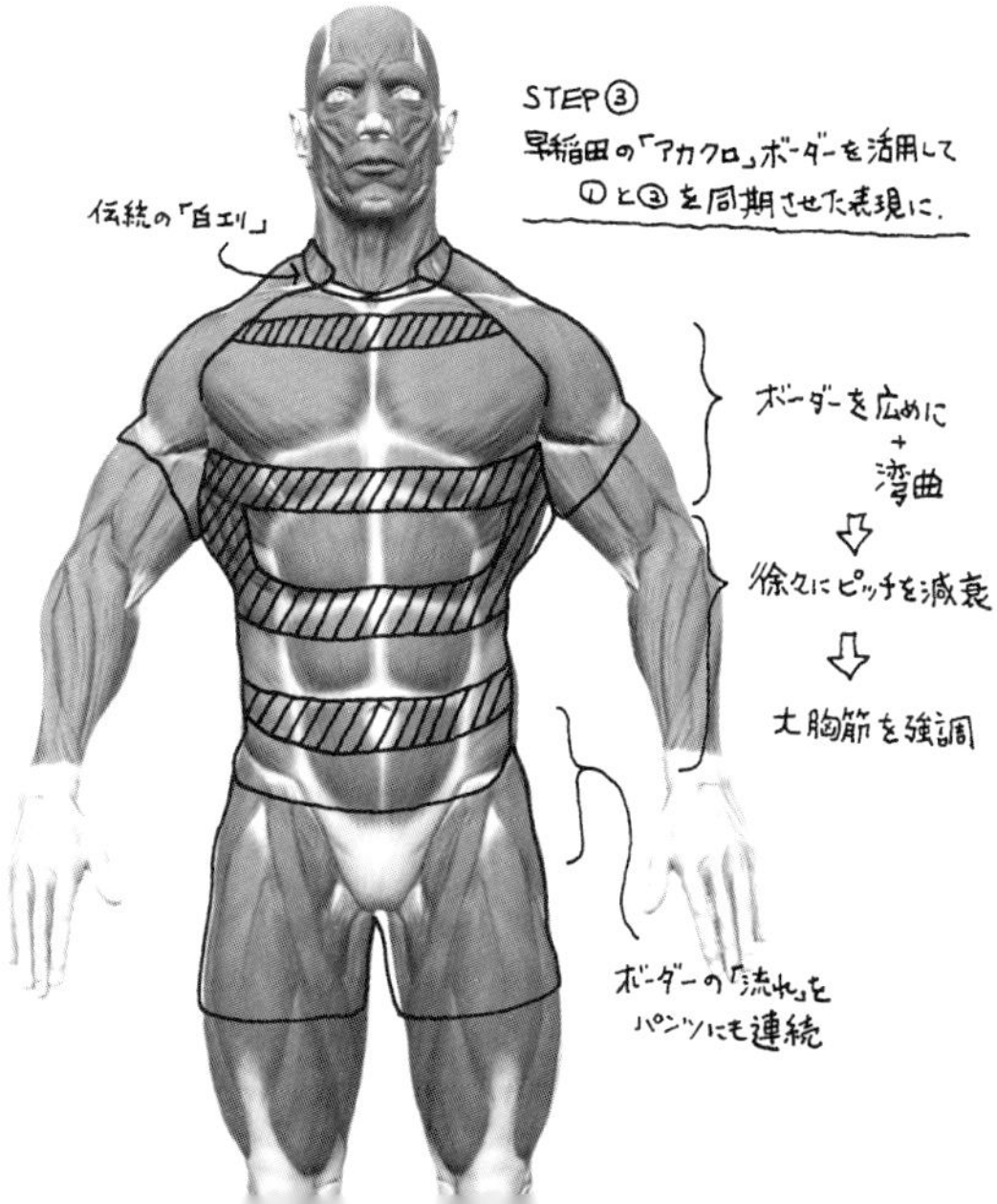

リサーチと並行して、3つの方向性からユニフォームのデザインを検討した

基本デザイン

A 基本となるデザイン案

伝統的なゆったりとしたシルエットではなく、体にフィットする機能性の高いジャージに変更

B 非対称なデザインも検討

身体が歪んで見えるとして不採用に

BとCのデザインを検討中に、
1つのアイデアが浮上した

C 早稲田の「W」をモチーフに取り入れたもの

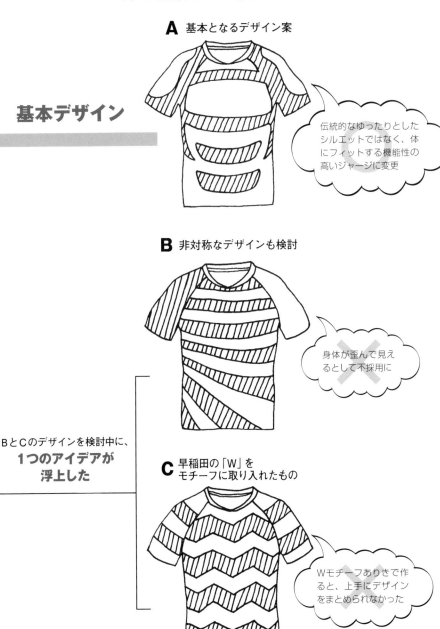

Wモチーフありきで作ると、上手にデザインをまとめられなかった

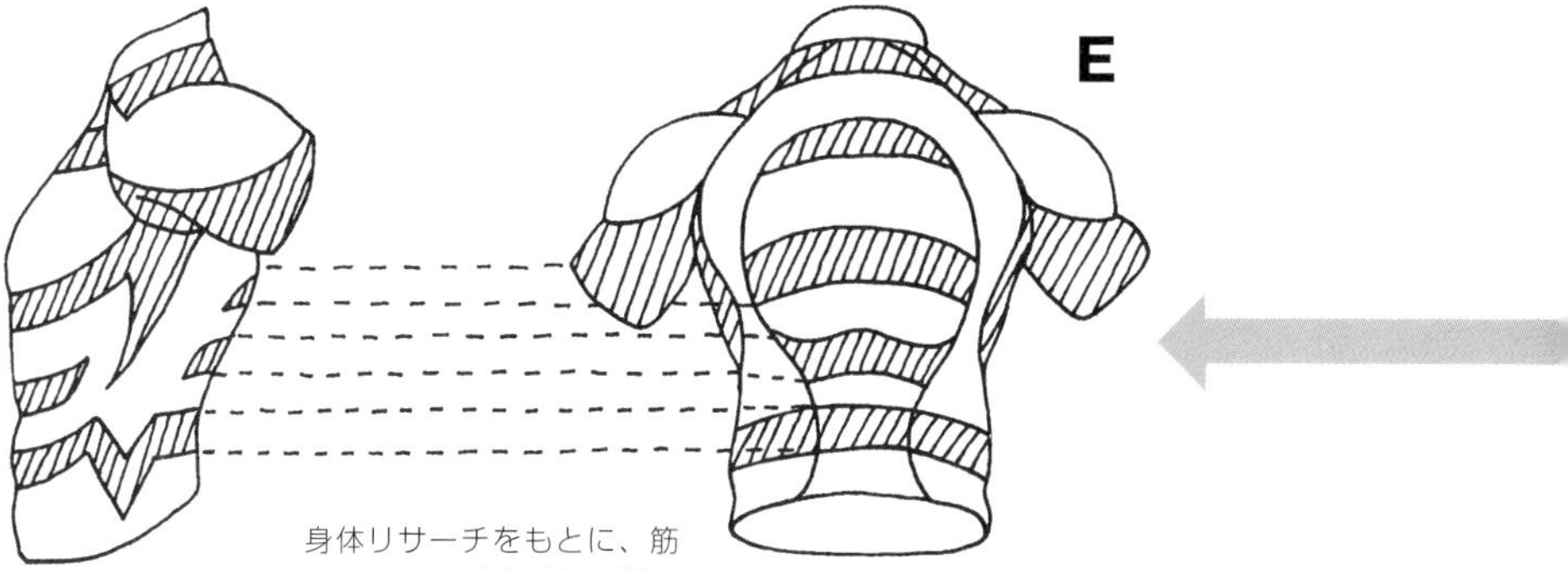

身体リサーチをもとに、筋肉が盛り上がる部分に膨張色を使うなど「強く見せる」工夫を凝らす。甲冑などのデザインも参考に

このアイデアを
基本デザインに
取り入られないか検討

脇の部分に「V」のモチーフを入れることで、肩を組んだときに重なって早稲田の「W」が浮き出るように

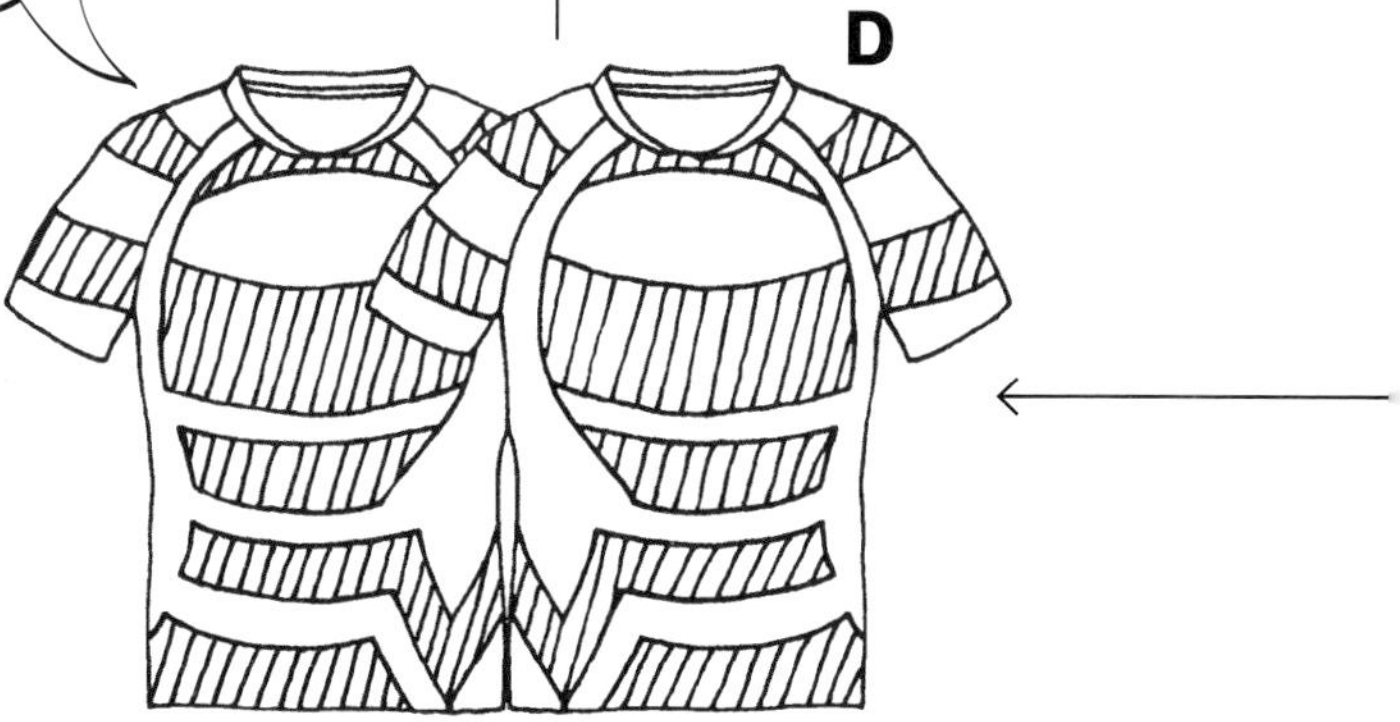

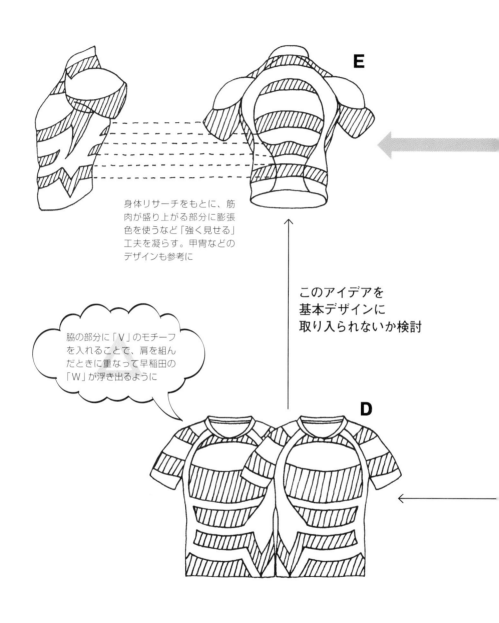

ユニフォーム完成までのプロセス

デザイン案が完成したあと、実際の選手の体に合わせて
何度もフィッティングし調整作業を続けた

試作

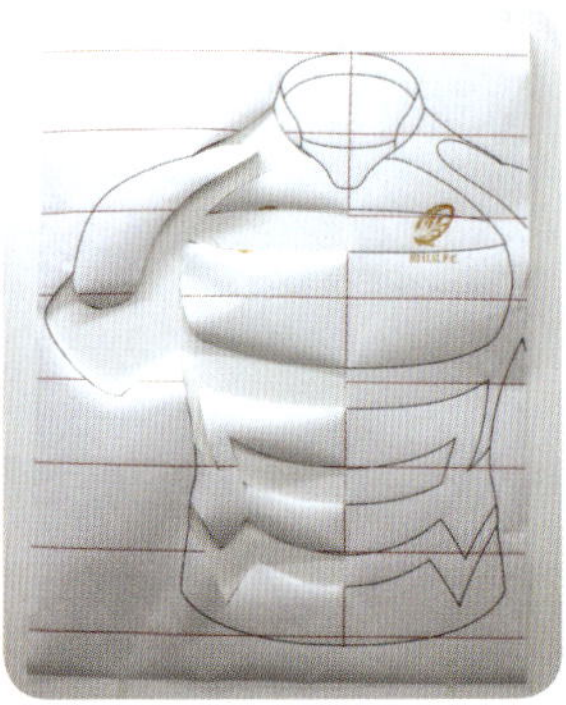

型紙を作り、それを基にパターンを布に書き込む

↓

フィッティング

選手が実際に試着、
見え方をチェック

↓

修正

試作に直接書き込んで修正を行う

修正後のデザインで
ユニフォームを実作

さらにフィッティング。着心地を含めて調査

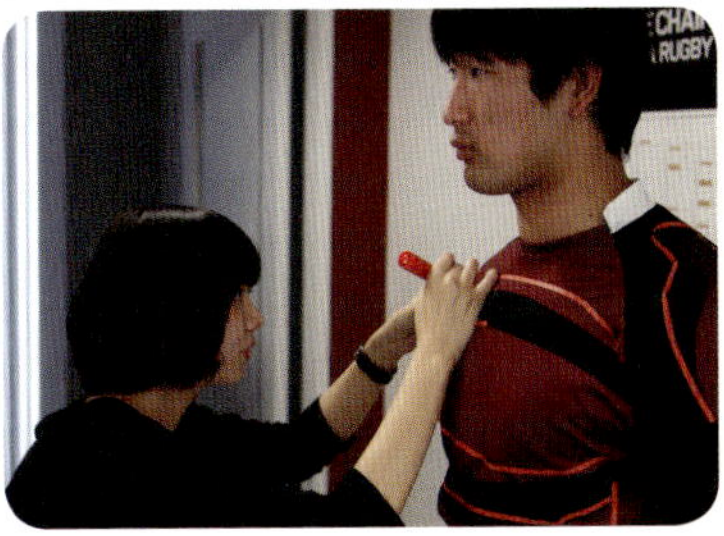

正面の黒と肩まわりのえんじを強調してメリハリを出せるよう修正

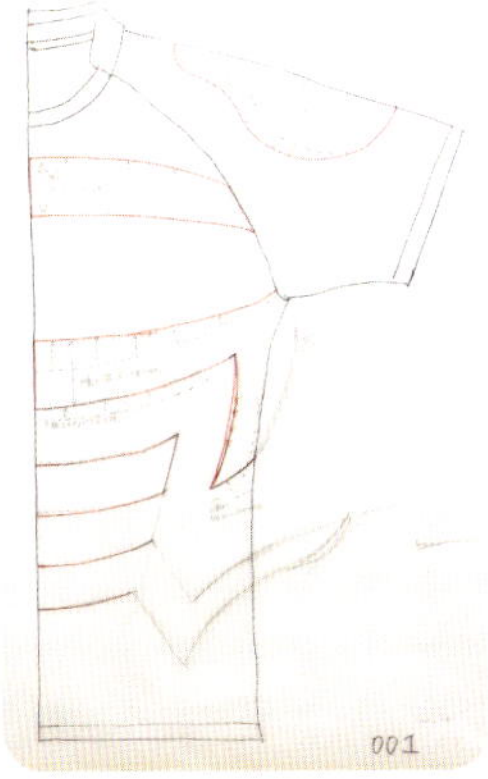

最終案

同じフォントバリエーションを含めると30近いデザインを作成

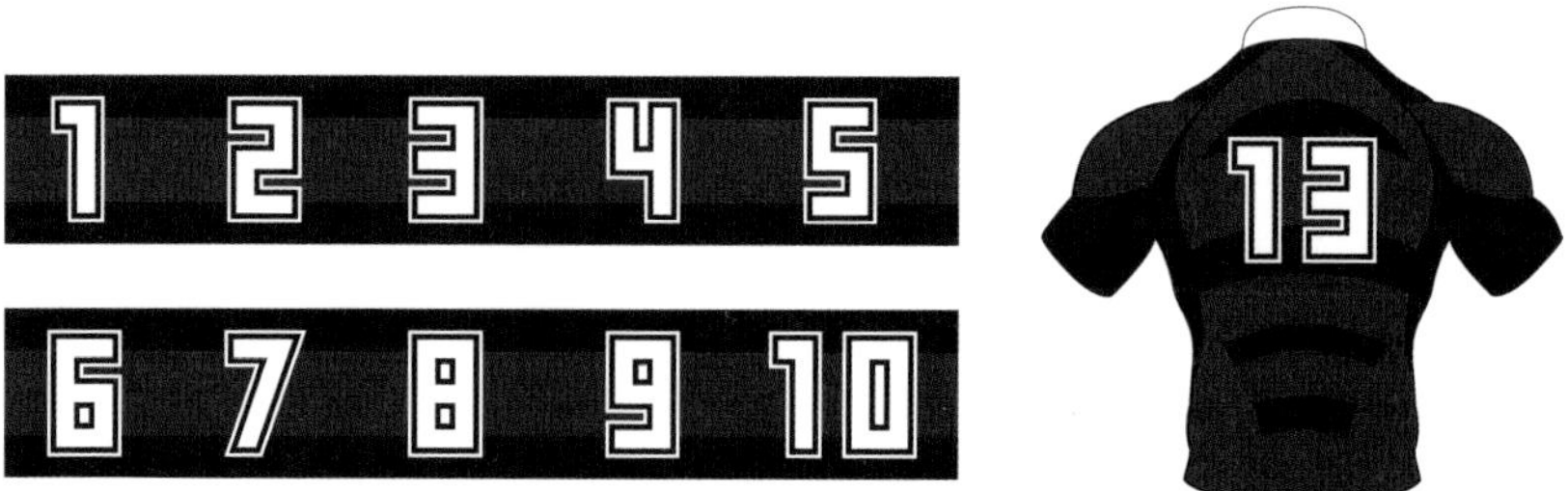

案1　直線的な数字を使った案

早稲田の「W」を使用し、
「勢い」と背中に「張り感」を

案2　四隅に「W」のモチーフを入れた案

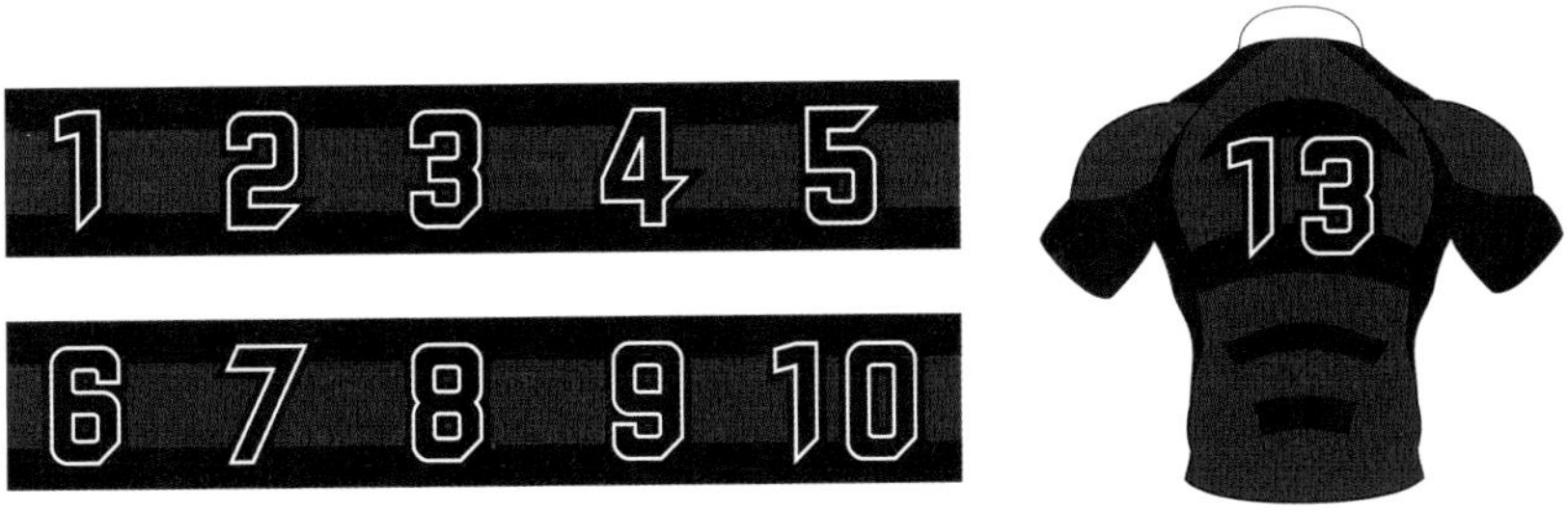

案3 数字の一部を右肩上がりのナナメ線でカットした案

案4 背景に黒い文字で「23」を入れた案

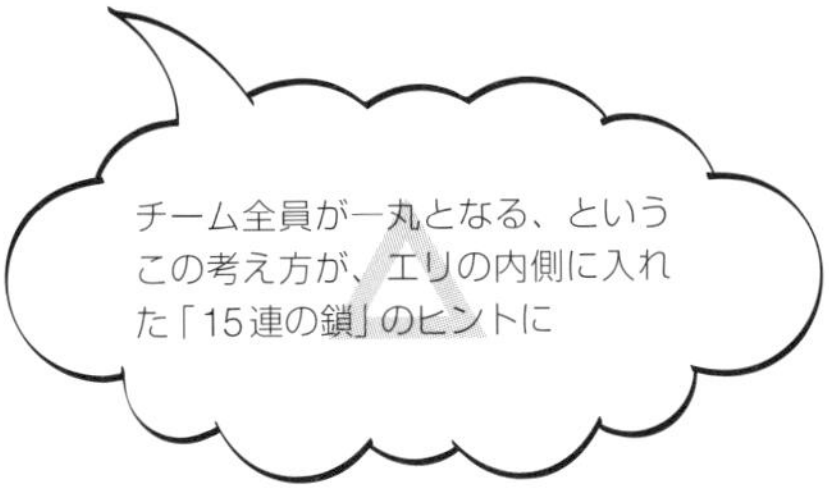

案5 黒い縁に過去の優勝年を入れた案（下が拡大図）

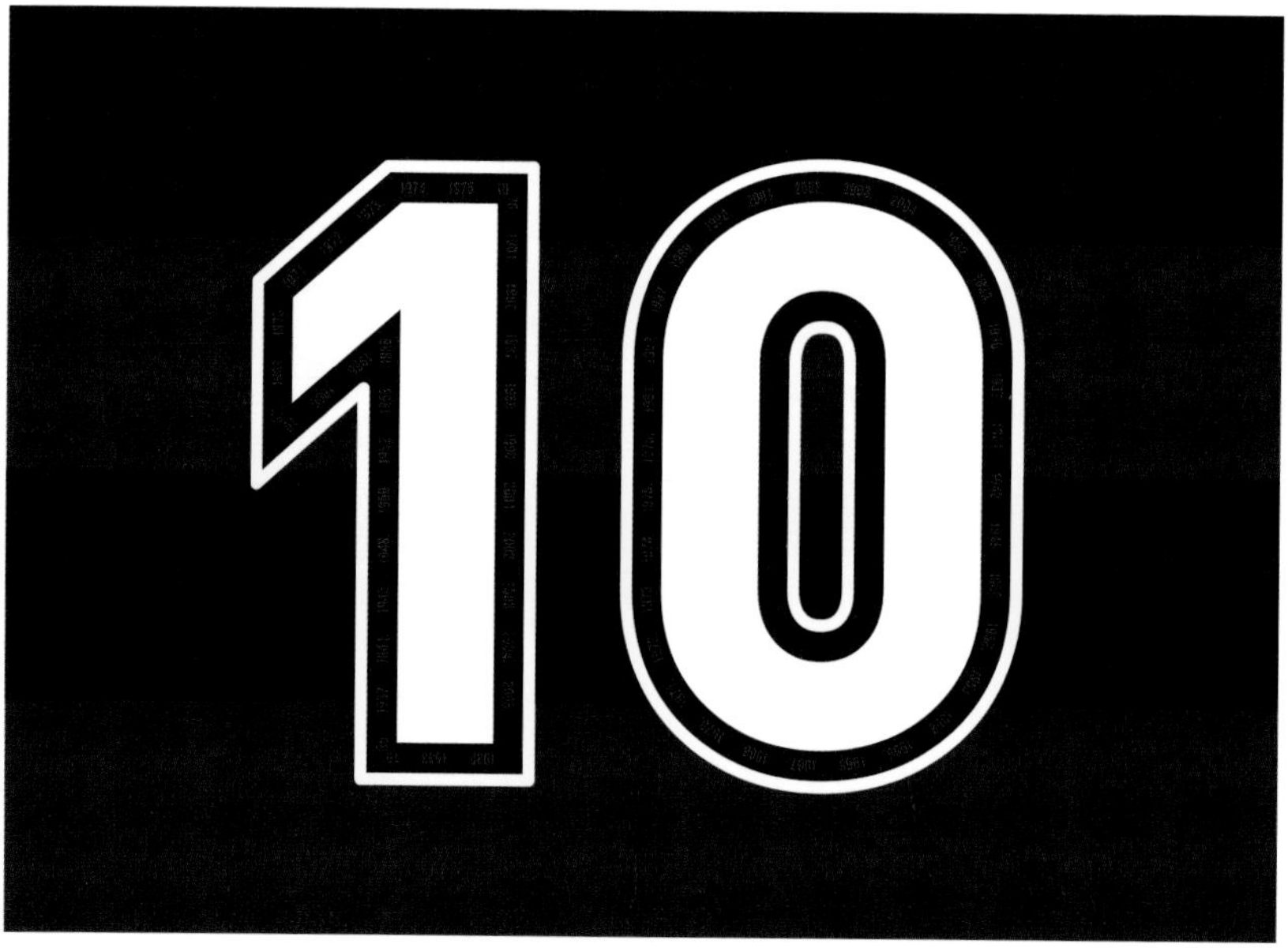

案6 早稲田の象徴の稲穂マークをアクセントに入れた案

「稲穂」は前のワッペンとすべり止めのシリコンラバーの模様に使用

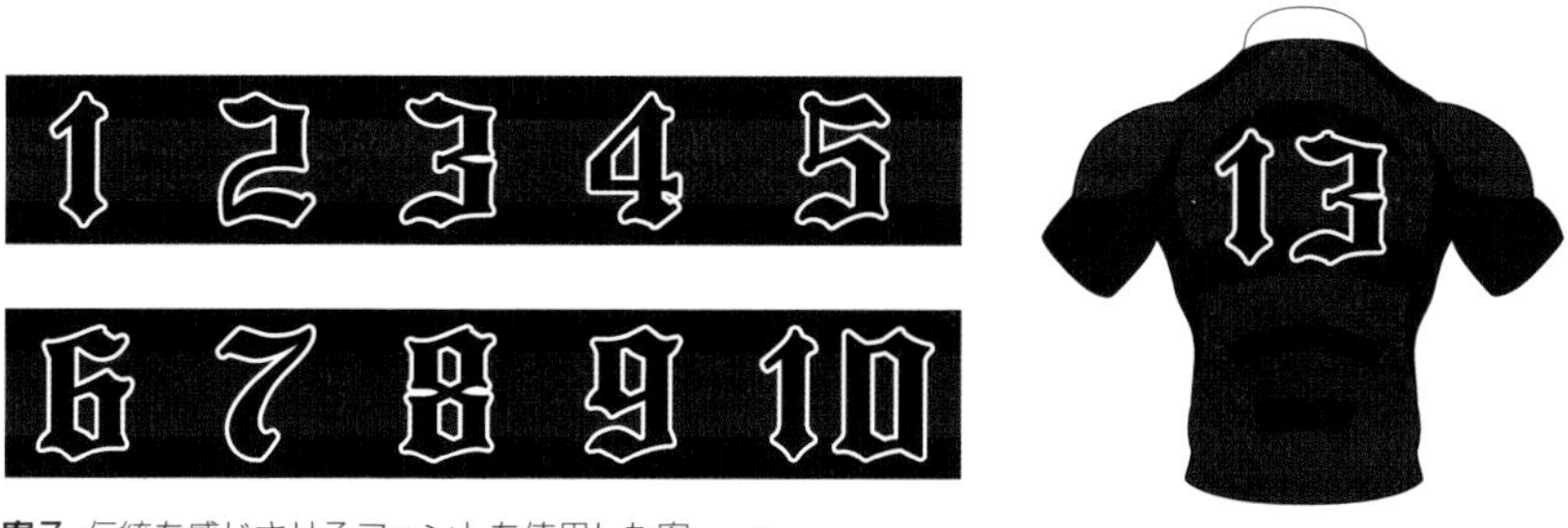

案7 伝統を感じさせるフォントを使用した案

伝統は感じるが視認性に課題あり

背番号の最終デザイン

さまざまなアイデアを1つにまとめて完成した

サイズ感もフィッティングで調整

背番号は選手を強そうに見せるための重要なポイントとなる要素。ただし、大きすぎると選手が小さく見える。最終的なサイズ感と配置を選手とともに探った

左が新ユニフォームで右が旧ユニフォーム。伝統のボーダー柄を大きく変えた　（写真：吉田明広）

早稲田大学ラグビー蹴球部の新ユニフォーム

ボツ案から得たアイデアを多く取り入れ、思いやメッセージを詰め込んだデザインとなった

※ボーダーの幅、角度、カーブを
調整＋部分的に切り離す
＝
1、身体が大きく
2、プレーが魅力的に見える
※特殊繊維によって
1.軽量化 2.フィット性 3.耐摩擦強度増
計測用GPS
格納
13
過去の優勝年
をプリント
「W」を使った
フォント

（写真：吉田明広）

完成形

セカンドジャージ（中）とサードジャージ（右）。チームスローガンをダイレクトに表現した鎖だけの模様のセカンドジャージから、山下監督のチーム戦術に対する思いと、チームを変えたいという覚悟が分かる
（写真：吉田明広）

アイデアはつながることで強くなる

そのままだとボツになりかねない小さなアイデアだったものが、別のアイデアとつながりって大きなコンセプトとなり、時には組織さえ変える大きなうねりになることがあります。早大ラグビー部のブランディングは、まさにそのことを実感したプロジェクトでした。

「鎖のようなディフェンス」を目指すという言葉をヒントに、ユニフォームの脇に入れたV字。選手が肩を組むと、この柄が連鎖して「W」の文字になるというこのアイデアは、さらに成長を続け、チームに欠かせない考え方としてスタッフや選手の意識を大きく変えるにまで至りました。まさにインナーブランディングの好循環が生まれはじめたわけですが、それを加速させたきっかけがチームスローガンとの連携でした。

言葉とデザインの相乗効果

チームを変えたいという強い思いを抱えていた山下大悟監督。その思いを受け、ユニフォームだけではなく、さまざまな形でその思いを伝えていくのが今回のプロジェクトには必要だと私は感じていました。そこで、言葉のプロも巻き込みながら山下監督の考えをストレートに表現したスローガンを作ることを考え、千葉ロッテマリーンズのポスターなどを手がける、コピーライターの渡辺潤平さんに協力を仰ぎました。

私としては、チームが正式に発足するタイミングに合わせて、その方向性を決める言葉が必要だろうと考えていました。そこで渡辺さんにはプロジェクトがスタートしたばかりの段階から打ち合わせに同席してもらい、山下監督の思いを可能な限りくみ取っていただいたのです。

渡辺さんは、さまざまなスポーツチームのスローガンを調べて、チームとスローガンの関係性を探ってくれました。分かったのは、優れたスローガンにはチームがどのような形で勝利を目指し、ファンに何を見てほしいかという姿勢を表現したものが多いこと。それはそのまま、チームのプレースタイルにつながります。プロ野球で言えば、１９９０年代の終わり、連続した集中打で大量得点を奪った横浜ベイスターズ（現在は横浜ＤｅＮＡベイスターズ）の「マシンガン打線」、バレーボール全日本女子の「３Ｄバレー」などは、まさにその好例でしょう。

左脳でも、右脳でも、肌でも

そして偶然にも、スローガンを作るときに渡辺さんが注目したのがやはり「切っても切れない『鎖』のように強いディフェンスシステムを構築したい」という山下監督の言葉だったのです。渡辺さんもまた「鎖」をキーワードに、チームの意思や戦い方、未来に対する期待を言葉として組み立ててくれました。

最終的に出来上がったのが「BE THE CHAIN」というスローガン。さらに渡辺さんはその展開も提案してくれました。「CHAIN」を、同大学チームのコミュニケーションを組み立てるときの軸となるように仕立ててくれたのです。

例えば、複数の選手が1人の敵に当たるディフェンスラインを作る戦術を徹底させる言葉として「CHAIN DEFENCE」という言葉を作ってくれました。「CHAIN TO GAIN」という派生コピーもあり、これは選手、スタッフ、ファンを含む関係者全員が一丸となって少しでも前に進んでいこう、1つでも多くの勝利をもぎ取ろう。そんなすべての人たちのつながりを表すときに使える言葉です。

選手を奮い立たせて、成長を促し、チームの戦い方を決定して選手の迷いを取り払う…。スポーツの世界において、監督やコーチが発する言葉は大きな力となります。私と渡辺さんは、これらの言葉をもとに映像やポスターを制作し、チーム内外のコミュニケーションに活用するように努めました。視覚的なアプローチを加えて言葉はさらに説得力を獲得し、強度を増していくのですが、ここで先のユニフォームが一層大きな意味を持つようになったのです。

チームの理念を「BE THE CHAIN」という言葉で「左脳」を通じロジックとして理解する。そして映像やビジュアルは「右脳」のイメージ力に訴えかけます。さらに、チームの理念を体現したユニフォームを着て「肌」でそれを感じ取れる。

企業ブランディングや商品開発の仕事において、私はこれまで「ブランドを伝えるには、できるだけ多く消費者との接点を作るべき」と考えてきました。今回の早大ラグビー部のインナーブランディングは、ある意味その究極の形と言えるのではないでしょうか。選手はチームのコンセプトをまとい、その理念を全身全霊をかけて理解し、感じることになるからです。

そしてそれを外から見るファンたちはBE THE CHAINというスローガンを胸に、コンセプトを体現した選手の姿にこれまで以上の一体感とチーム愛を感じるようになる。ユニフォームとスローガンの2つを通じて、両者はこれまで以上に強い関係を築いていくのです。

「ボツがない」ことへの不安

この言葉しかない、と渡辺さんが提案してくれたこの「BE THE CHAIN」という言葉には、当然ほかの候補案はありませんでした。私から見ても、ボツの余地などない最高の提案。ただ、それだけに若干の懸念がありました。

これまでいろんなクライアントに、私があえてたくさんのアイデアを提案してきたのには理由があります。複数の提案を見ながらどれにするか迷う行為や議論すること、何かを切り捨てボツにして、たった1つを選ぶプロセスを通じて、「そのアイデアを自分のものにする」ために重要だと位置付けていたからです。

いきなり完成型を1つぽんと渡してしまって、果たしてそれが自分の言葉として消化しきれるだろうか。そこであえて一度「これで考えてみてほしい」と山下監督にこのスローガンを預けて考える時間を設けてもらったのです。誰かに与えられたという感覚を排除し、これが山下監督自身の言葉となるように、しっかりと咀嚼してほしかった。

結果山下監督は、スローガンを構成する一連のフレーズに、次のような言葉を追加してくれました。「早稲田のラグビーは、ここから完全に生まれ変わる。迷いを捨てろ、覚悟を決めろ。自分たちの手でプライドを取り戻せ」。山下監督は再生というニュアンスを強く取り入れることで、一連のスローガンを自分の言葉としてくれたのです。ユニフォームのデザインを通じて、山下監督が決めた覚悟のほどが、ここに結実しました。

その後、スローガンやユニフォームを選手に初披露したチームのミーティングで、その場にいた全員に対してこんなメッセージを私は伝えました。「デザインというのは、姿形だけの問題ではありません。それを使う人や環境があって、初めてデザインはより良いものとなる。私自身は出来る限りの仕事をしたつもりですが、最終的にこのユニフォームたちが最高のデザインになるか、それとも格好悪いものになるかは、選手の皆さん次第です」。

そしてこの言葉をうまく追い風として利用してくれたのが、山下監督でした。私たちが提案したこの一連のデザインを、徹底してチームの勝利のために使ってくれたのです。

チームとして「つながる」感覚を選手に覚えさせ、ディフェンスへの意識を直感的にイメージできるよう、今では集合の合図を「チェイン」という言葉に変えたり、ホームセンターで本物の鎖を調達してチーム全員でそれを持って互いの距離感を保つトレーニングを取り入れてみたりと、普段の練習のなかでもスローガンである鎖を意識させる工夫を、選手たちと一緒になって取り組んでくれています。

選手には練習時も普段のときにもドレスコードを徹底し、常に選手が期待されているということを教えるなど、山下監督はイメージやデザインの力を信じ、最大限に活用してくれるリーダーです。そのリーダーシップがあったからこそ、今回の早稲田大学ラグビー部のブランディングは、これまでにない大きなデザインのうねりを起こしているのかもしれません。

山下監督が相談に来てからまだ1年も経っていない今、真の成果はこれから。しかしチームは入ったばかりの1年生を中心に躍動し、明らかに組織が変わりつつあります。そして「今年のチームは面白い」。こんな声を実際の試合会場で耳にすることも多くなりました。こうした、人々の士気を高めて組織をまとめ、そこからファンを生み出すデザインの力は、スポーツの世界だけに限ったことではありません。ビジネスの世界においてもこうしたインナーブランディングと、外に向けたブランディングの2つの好循環を生み出す手法は十分に機能するのではないか、そう考えています。

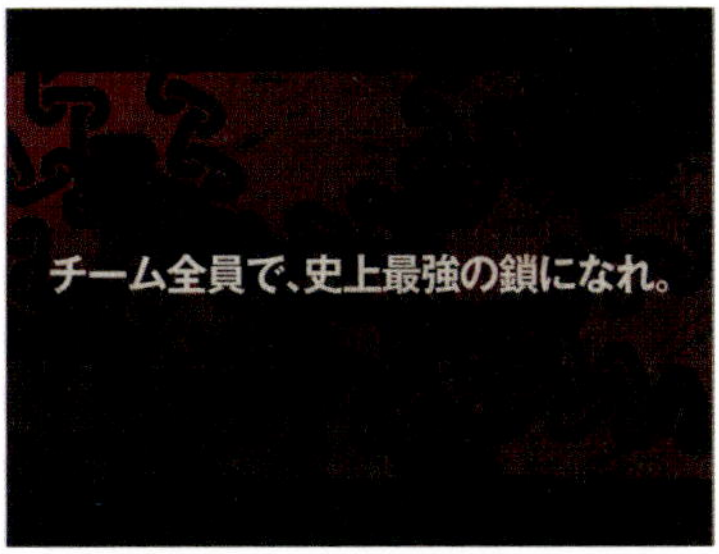

渡辺潤平氏の力強い
コピーのイメージを
映像で表現した

スローガン用プレゼンシート

コピーライターの渡辺潤平氏が山下監督へのプレゼンに使った資料。言葉が書かれた用紙を紙芝居のように次々にめくりながら見せ、スローガンのプレゼンを行った

スローガンとは、いかに働く言葉であるべきか？

チームの意志をひとつにするための言葉
チームの戦い方を象徴するための言葉
選手一人ひとりを奮い立たせるための言葉
ファンやOB、
関わるすべての人たちが
期待を抱けるような言葉
この、すべてです
しかも、それがプレーによって体現される言葉であるべき
「前へ」
「マシンガン打線」
「セクシーフットボール」
「トライアングル・オフェンス」
「フラット3」
「3Dバレー」
つまり「概念」としての言葉であってはならない
イズムが浸透し、
プレーで表現される言葉
それはもはや概念でなく、
チームの意志へと昇華される
そんな言葉が必要である気がします
時代の空気や、
山下監督の存在感を考えた時
インテリジェンスを感じる言葉の方が
実効性があると思った
（変革への期待を抱きやすい）
山下監督の言葉の中に、その兆しとなる言葉がひとつ、ありました
鎖

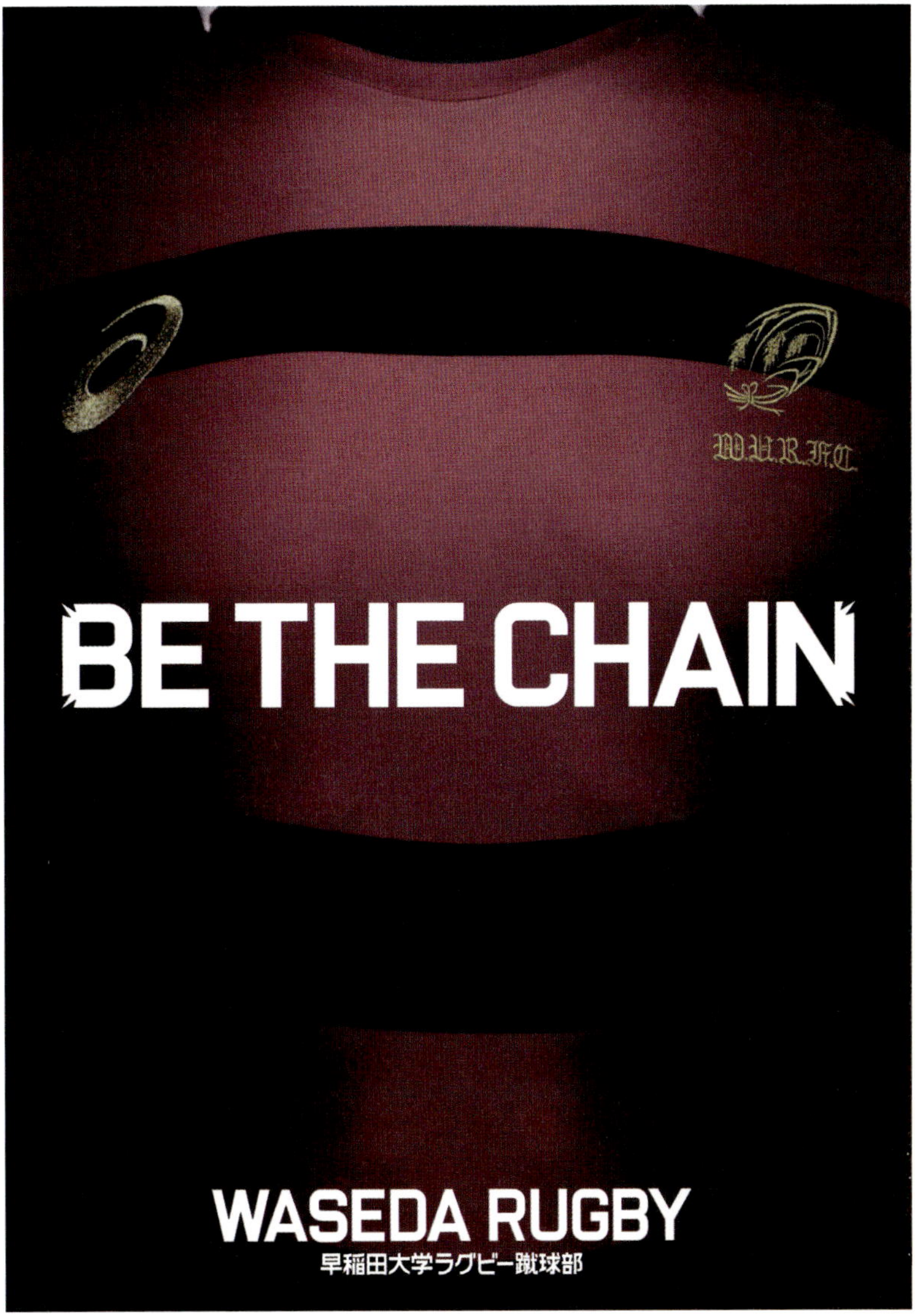

スローガンをビジュアルで
チームスローガンのポスター用ビジュアル。チームやファンを奮い立たせるような力強さを意識した

ユニフォーム着用時の様子

（写真：清水 健）

（141ページの写真：名児耶 洋）

佐藤氏と山下監督の打ち合わせの様子

ビジネスの仕組みから参画する

今回の早大ラグビー部のブランディングにおける私たちの役割は、選手の士気を高めてチームを強化することだけではありませんでした。アマチュアスポーツのチームにとっても、ファンやスポンサーとの関係作りのためにデザインを活用することは不可欠。もう1つの重要な施策が、寄付の仕組みを再構築することでした。

新たな資金調達の仕組みをデザイン

強くなるためにお金がかかるのは、アマチュアスポーツも同じです。選手たちの栄養管理や遠征のための費用、そして練習設備など…。日本一奪還のためにはトレーニングの環境を充実させることが重要です。しかし先ほど触れた通り、早大ラグビー部の予算は年間数千万円。ライバルである他大学の数分の1です。

これまでの予算体制は、部員からの部費と早稲田大学の運動部全体に対する寄付からの分配金が中心。その仕組みを、山下監督は大きく変えている最中です。

ウエアのスポンサーはアシックス、選手寮の食堂運営は共立メンテナンス、栄養補助食品は江崎グリコ、主食の白米「新之助」は新潟県など、それぞれ提供を受けています。

そこに新たな仕組みを提案しました。大学ラグビーはすでに幅広いファンのいるコンテンツですが、このコンテンツをもっと楽しみたいと感じている人はまだまだほかにもたくさんいるはず。そう考え、同部OBやスポンサーだけに頼るのではないコミュニティー作りとそれによる新たな資金調達手法として、クラウドファンディングの活用を早大ラグビー部に提案したのです。

ファンに楽しんでもらう仕掛けを

実は私たちは、クラウドファンディングを運営するミュージックセキュリティーズと共同で、金融とデザインの力で事業者支援を行う「finan=sense.（ファイナンセンス）」というサービスを運営しています。ほかにはない独自の技術を持つ企業と私たちとが商品を共同開発。その商品開発・販売のための資金をクラウドファンディングで調達しようとする試みです。

今回の事例も援助に対してリターンを用意できるクラウドファンディングの仕組みを使えば、単なる寄付とは異なり幅広い層から援助を求められるはず。そして支援してくれたファンに楽しんでもらう仕掛けを、私がデザインすることができれば、資金を無理なく集めやすいと思ったのです。

WASEDA RUGBY
BE THE CHAIN
WASEDA RUGBY

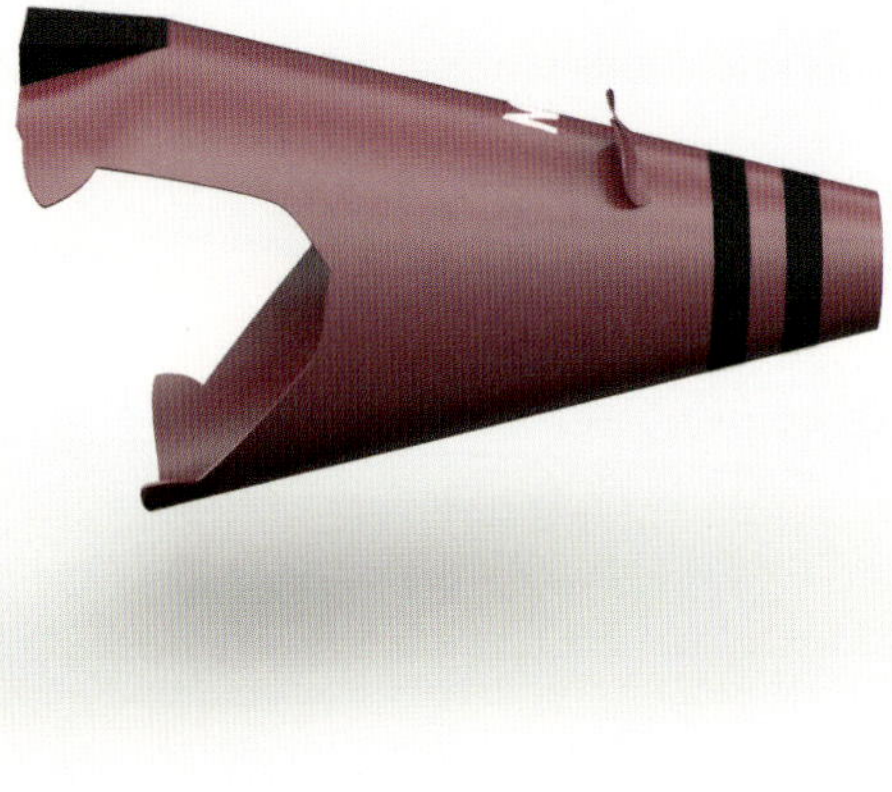

お礼グッズをデザイン化

クラウドファンディングの参加者に対するお礼グッズ。バリエーションは、木彫りの熊をモチーフにしたぬいぐるみやマグカップ、チームユニフォームのレプリカなど。右ページは第2弾用のお礼グッズのベンチウォーマー（上）とメガホン（下）　（145ページの写真：吉田明広）

一番気を付けたのは、ちょっとした表現です。日本では寄付は身近なものではなかったり、ネガティブな印象すらいまだにあります。また、アマチュアの活動にお金が絡むこと自体を嫌がる方もいる。できるだけ多くの人が応援の延長で前向きに受けとめられる言葉の使い方については私たちと早大ラグビー部、そしてミュージックセキュリティーズの3者でかなり議論をしました。

例えば公式サイトから同ファンドへ誘導するリンクに使う文言には、寄付という言葉を使わず、「BE THE CHAIN PARTNER FUND プロジェクトに参加する」という表現にしました。同ファンドが〝ファンやOBが早大ラグビー部を資金面で応援し、一緒に盛り上がるためのファンクラブ〟であるという印象を強めるためです。

この言葉の代わりに「サポートする」という言葉を使う案もありましたが、これは直接資金援助することと結びつかないあいまいな表現としてボツに。そこから資金調達ページに飛ぶことに違和感を感じる人もいるのではなど、細部にわたって慎重にユーザー体験を分析しています。

一緒に楽しめる体験をデザイン

第1回目の同ファンドの目標金額は1000万円で、募集期間は2016年4月から7月までの約3カ月。コースは5千円から50万円までと幅広く、特典グッズのデザインはnendoが担当しています。

グッズはマグカップや木彫りの熊をモチーフにしたぬいぐるみ、チームユニフォームのレプリカなど。グッズデザインにもファンとメンバーが一緒になって盛り上がれる仕掛けを盛り込んでいます。早稲田大学の創設者、大隈重信の名前から「くま」としたぬいぐるみは、えんじと黒の縞模様。その名も「ハングリー・ベア」。ライバル大学のジャージの模様の鮭をくわえ、「勝利への餓え」と「対戦相手を喰う」ことを表現しています。

レプリカユニフォームの背番号は「24」で統一しました。これは、ラグビー部のユニフォームの背番号が23番まである、というところからのナンバリングです。サッカーでいう「12番目の選手」に習い、「応援してくれる皆が24人目の選手である」という気持ちを込めました。

今後詰めるべきは、サービスです。マグカップなどのグッズを試合観戦時に持ってきたファンには、カイロやドリンクをサービスすることなども検討しています。ファンドに参加してくれたファンに対しては、試合の場で少しでも特別な体験を、とサービスの部分もデザインしています。幸い、第1回目のファンドは目標金額を無事に達成。第2弾、第3弾をどうしていこうか、今から検討をしています。

山下監督とは、「一番の目的は実際にその目でチームの試合を見てもらうこと。同ファンドがファンやOBとのつながりをより深くするきっかけになれば」と話しており、今後も、こうしたファンとのコミュニケーションをどうデザインしていくか。ファンとの体験作りのデザインに取り組んでいくつもりです。

第4章

蘇る ボツ案

自らをボツにする

nendoはどんな分野においてもデザインで何かしらお役に立てるのではというスタンスを持って、今までさまざまなプロジェクトに取り組んできました。しかし、これまではプロダクトデザインだったり、空間デザインであったりと、ほとんどの仕事の中心にカタチがありました。これらカタチのデザインを経由して、ブランディングへと仕事が広がる事例はたくさんありましたが、純粋なCIと広告表現のみによるブランディングも、近年依頼されることが多くなりました。

そうしたなかで「企業のイメージを向上してもらいたい」と、広告をメーンとしたブランディング業務の依頼をいただいたのが、IHIでした。完全にB to Bビジネスであり長い歴史ある名門企業から、しかも広告代理店経由ではなく直接のお話だったので、最初に依頼が来たときは驚きました。

IHIは日本を代表する重工業の企業です。しかし、2007年に社名を「石川島播磨重工業」から現在の「IHI」に変更したことで、企業の知名度に問題が生じていたのです。特に新人社員の確保（リクルート）に大きく影響が出たということが一番の問題とのことでした。社名を変えたことによって、学生からの認知度が大幅に下がってしまったのです。

リクルート活動だけではなく、従業員の家族でも同じ状況で「うちのお父さんの会社は何を作っているのかよく分からない」と言われてしまうという話もありました。会社全体でこのような状況が続いてしまうと、なかなか従業員のモチベーションが上がらなくなってしまいます。そこで社内外に対してＩＨＩの活動を分かりやすく伝え、イメージアップをしていきたいというお話をいただきました。

「具体的に何をすればいいかというところから一緒に考えてほしい」というデザイナーとしてはすごく面白く、やりがいのある案件でした。

そこでまずは、どのようにブランディングを進めていくのか、デザインに着手する前に、さまざまな議論を繰り広げました。会社の状況を細かいところまで理解するだけでなく、実際にどういう手段で進めていくのかを決めることも含めて、とことんリサーチと話し合いをしました。

自分の仕事すら前向きにボツにする

やはり議論の中心となったのは、ロゴでした。ＩＨＩというロゴは堅くて重厚なイメージがあります。そしてコーポレートカラーのブルー、これはおそらく銀行のような堅実な企業を想起させる色で、信頼感や安心感はある反面、やっぱり面白みや親しさに欠ける。「それを軽くて楽しげな方向へ持っていくべきかどうか」といった議論をしながら優先順位を付けていきました。

すると、ＩＨＩが最も伝えたいのは企業の「クリエーティビティ」なんだということが徐々に分かってきました。橋やエンジンなどのインフラやさまざまな完成品に欠かせないパーツや素材を通じて、ＩＨＩは何かしら新しい価値を生み出すことを常に考えている。そういったモノづくりを通じて社会が発展してきたという歴史に対してプライドを皆さんが持っているように感じました。

しかし、クリエーティブな会社だと発信していく、という意志を持って社名を「ＩＨＩ」に変えたにもかかわらず、そのロゴが見るからに重工業というイメージになってしまっていたのです。今の青色はいかにも真面目な印象ですし、ロゴの形状はＨ鋼（鉄骨建物の鋼材）から来ているので、重く堅く見えてしまいます。

これを踏まえて、コミュニケーションをどう整理していくか。デザイナーとして一番やりやすい方法は、ロゴを変えることです。ネーミングやロゴをスッパリとリニューアルして、過去の歴史を根元から切り落としてしまい、それから諸々を整理して構築し直すというのが、リブランディングのやり方としては正攻法。実際、ＩＨＩの皆さんともプロジェクトの途中までは、ロゴを変えよう、変えるためにはどう社内を説得すればいいのかといった話もあがっていました。

あえて皆が注目しているところやこれでいいと思っていることについて「そこに価値はあるのか」と問い続けることで、革新的な発想やアイデアや、何かを突破する力が生まれる。私の考え方の1つですが、この考え方を「前向きな否定」と呼んでいます。

こうした姿勢は、デザイナーとしての自分や、自分が生むアイデアに対しても同じ。本当にそれをやってしまっていいのかということを常に問いかけています。その姿勢はＩＨＩの仕事でも同じでした。

ロゴを変えることで、企業イメージを変えるというお題には明快に答えられるかもしれない。でも、変えることに本当に価値があるのか。それで従業員の方が誇りを持って働ける会社になるのか、学生が集まってくれるのか…。

実は、ディスカッションをしているうちに、ロゴを変えようと言いながらもこれまでの自分たちを肯定したいというクライアントの思いを薄々感じていました。皆、企業のルーツやＤＮＡに対する矜持を持っている。なおかつ、これまで企業として培ってきた信頼感や安心感といった部分もとても大切にしている。今のロゴを否定することはそうした皆さんの気持ちまでも否定してしまうのではないか…。

変わりたいけれども、ＩＨＩのロゴが体現する思いは、やっぱり守っていきたい。議論を重ねるうちに強く感じるようになったのです。

自分のアイデアをボツに

私自身も最初はロゴについていろいろ否定したのですが、「本当にクライアントのためになるか」を考えると、決して今のロゴは悪いものではない。本当に価値が生まれるコミュニケーションの手段を考えた時、一度ロゴもひっくるめて全部を肯定してみたほうがいいのではないかと考え直しました。要は、ロゴを作り変えようという自分のアイデアを「ボツ」にした、ということでしょうか。

ロゴは変えない。ではその時にどんなコミュニケーションが取れるのでしょうか。

その狙いを議論して決めたことが2つあります。1つは、「重工業のイメージを、良い意味で裏切ったコミュニケーションを取る」ことにしようということ。重工業というと伝統を感じさせるイメージがあります。しかしＩＨＩが手掛けているのは、宇宙事業も含めて実は先進的で革新的なもの。世間のイメージと実際の業務内容のギャップをあえて逆手に取って、そこを楽しんで伝えられないかというものです。

2つ目は、「ＩＨＩの3文字と、人々の距離を近づける」ことです。ＩＨＩの製品は飛行機や自動車そのものではなく、その中の部品だからどうしても分かりにくく、なかなかイメージが湧きにくいのですが、実は人々の暮らしに密接に関わっているというＩＨＩの身近さを誰もが分かるように明確に伝えましょうということになりました。

従来のイメージを裏切る5つの案

そして今回私たちが提案したのが、次のような案です。

1つは、対極的な2つの事象を見せていくのもありなのでは、というアイデアです。例えば、ＩＨＩはジェットエンジンを開発する際のコーティング技術を使って、実際に包丁を作っています。身近なものとのスケール感の差をビジュアルで表現することで、ＩＨＩの仕事に多くの方が親近感を持ってくれるのではないか、と考えました。

そのほかにも同社は、藻を使ってエネルギーを作るという一風変わった試みをしています。また人工衛星を使って田んぼの状態をセンシングして、お米作りを宇宙から行う事業にも関わっています。そういった身近に感じられる取り組みを極端な対比表現で見せ、ＩＨＩに関心を持ってもらうコミュニケーションはどうかと提案しました。

次の案が、ＩＨＩが携わった乗り物や重機、建造物を使って「作る」「つなぐ」など、社会と企業との関わりを文字で表現するグラフィック。

そしてもう1つは「もし、ＩＨＩがなかったら」というシリーズものです。いまは橋やエンジンなどはあって当たり前の技術ですが、こうしたＩＨＩが提供している技術をあえて取り除いてしまうと何が起きるか、という状況を作ってみました。リアルにやるとホラーになってしまうので、可愛らしいイラストで表現しています。

シュールな感じで人目を引き付け、ＩＨＩの技術ってこんなところに使われているんだなということに気付いてもらえるのではないか、と考えた案です。

ＩＨＩのロゴをキャラクター化する、という提案も行いました。イベントなどで人目を引きやすいとか、ぬいぐるみなどのモノにして渡したりとか、キャラクターを使うと採用の現場で活用しやすいのではという狙いです。これは提案の際には実際に立体模型を作りました。また、ショールームを兼ねたミュージアムが本社の一階にあるのですが、そこの連動なども考えてミュー

案A　スケール感の差を伝える広告

ジェットエンジンと包丁

両方とも同じコーティング技術を採用している。大小２つの製品を並べることで、IHI が手がける事業のスケール感と身近さとの両方を表現。企業と社会との関わりを感じてもらう広告

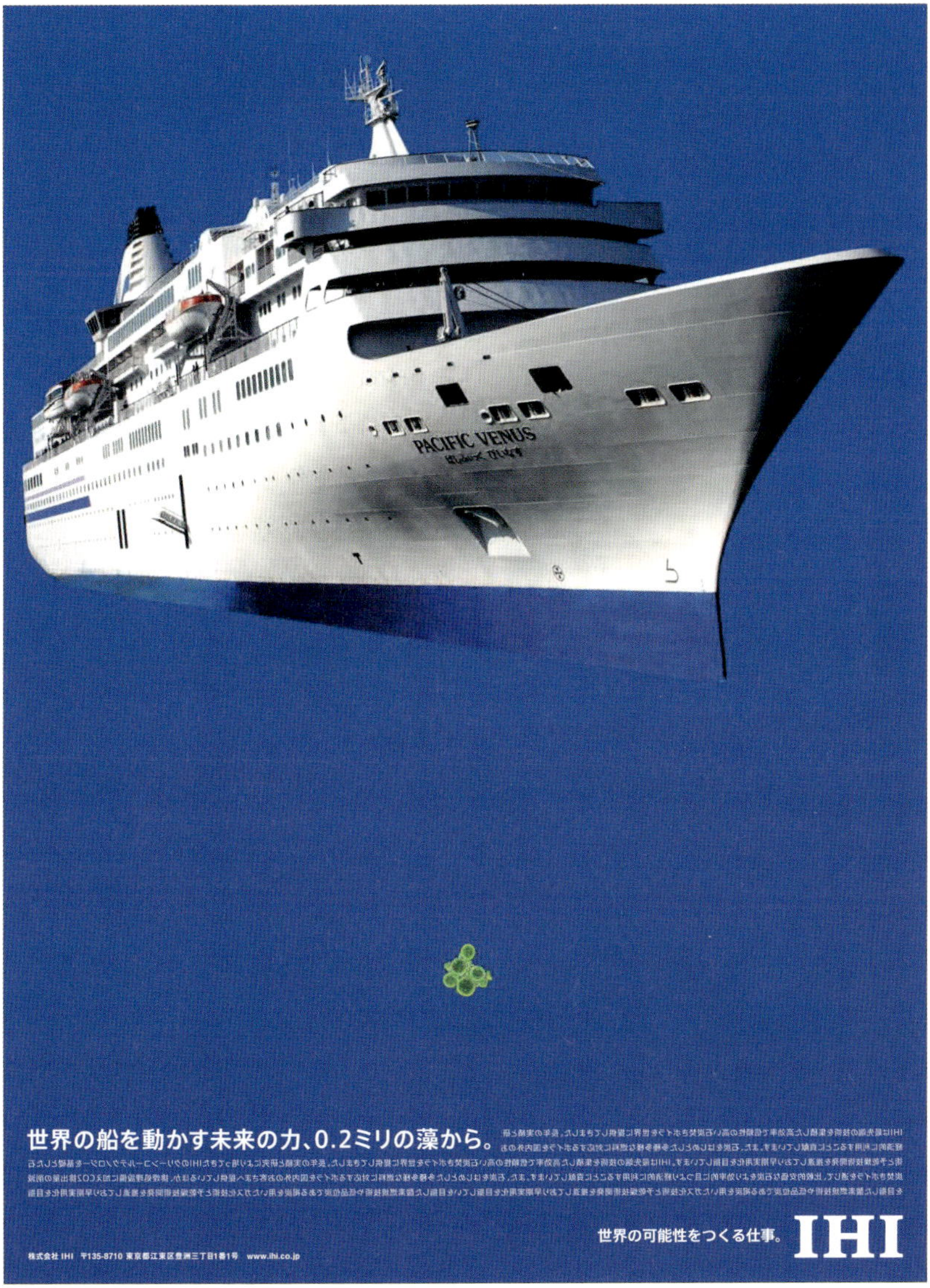

藻を使ったエネルギーで船を動かす

同じくスケール感と身近さとのギャップの面白さを表現した広告の別パターン。このほか「ロケットと米」を対比させるバージョンもあった

案B　IHIが関わったモノで言葉を作る

重機を使い「作る」の文字を

同社が関わったさまざまな機器、建物を文字に見立ててメッセージを伝える広告

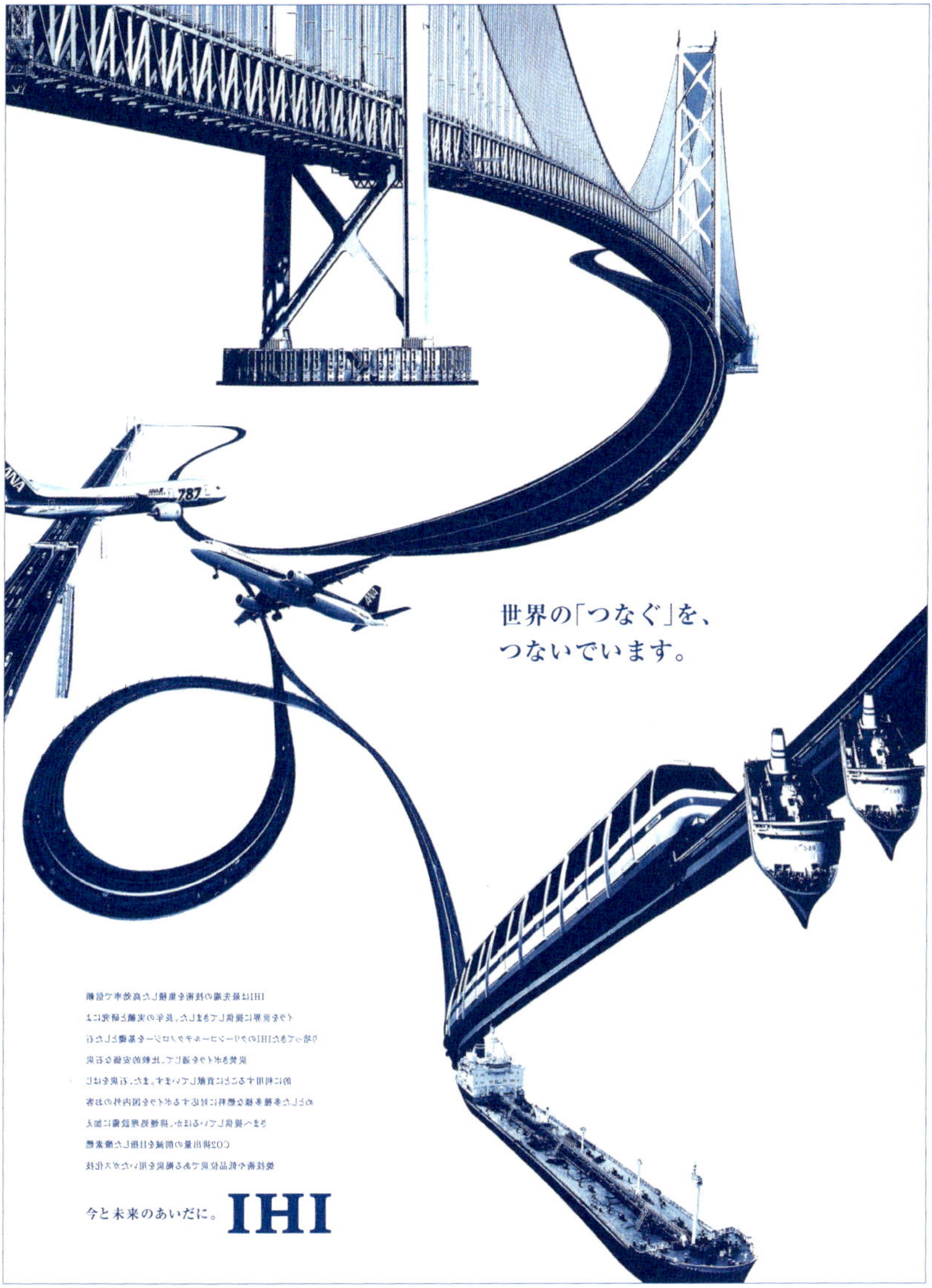

交通をテーマに「つなぐ」の文字を

このほか、「支える」などのバリエーションもある

案C 「もし、IHIがなかったら」シリーズ

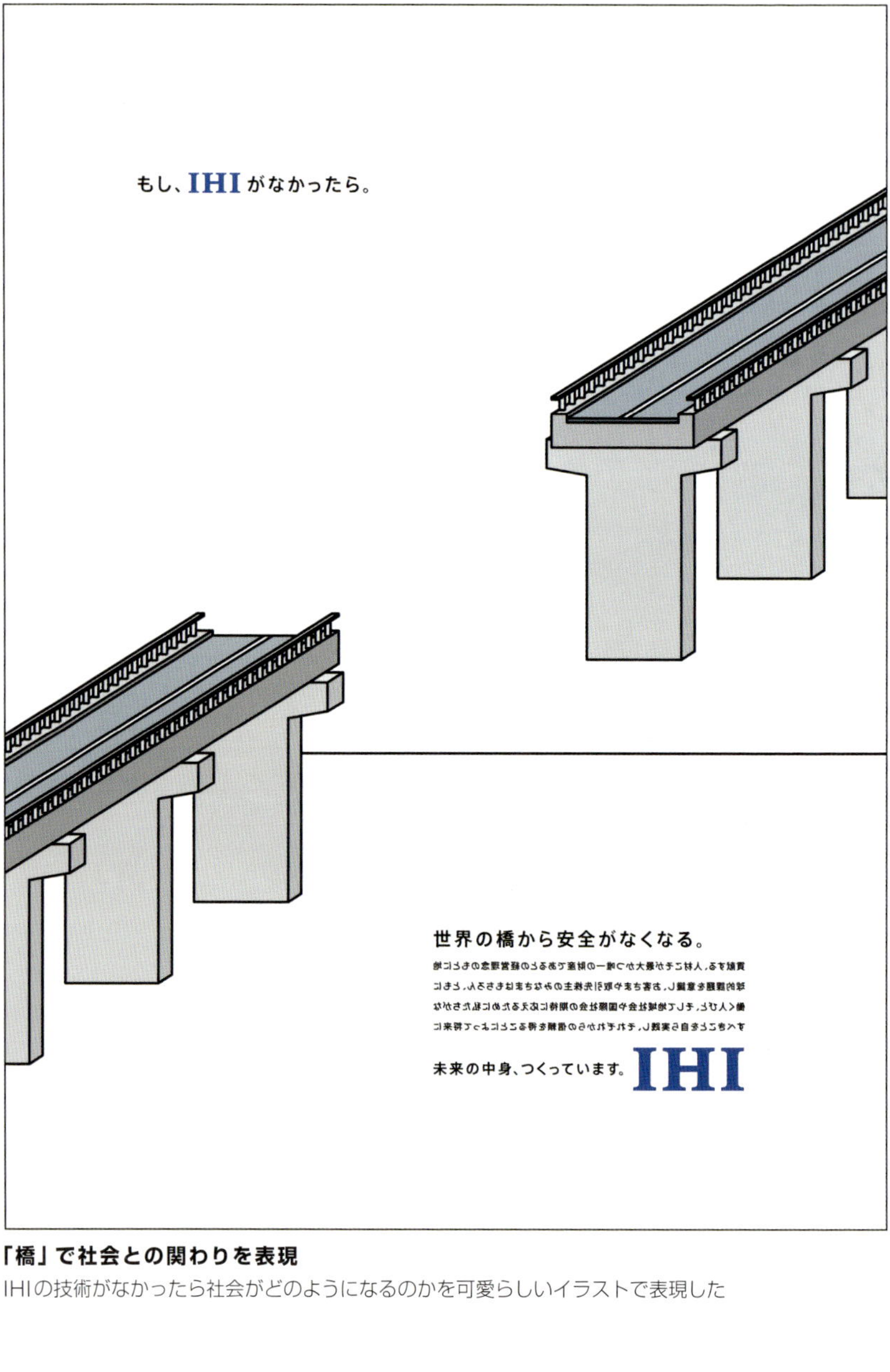

「橋」で社会との関わりを表現

IHIの技術がなかったら社会がどのようになるのかを可愛らしいイラストで表現した

飛行機も飛ばない

この一連の案は、のちにリクルート向けのキャンペーンとして復活した

案D　キャラクターで接点を増やす

「想像力」をイメージしたキャラクター

同社として伝えたかった「クリエーティビティ」をキャラクターに託した表現。キャラクターをグッズ化しやすく、目を引くため、リクルート向けにも使い勝手がいいのではと提案

キャラクターを企業の代弁者に

広告のみならず、立体模型も実際に制作

完成形 「IHI LOGO WORLD」

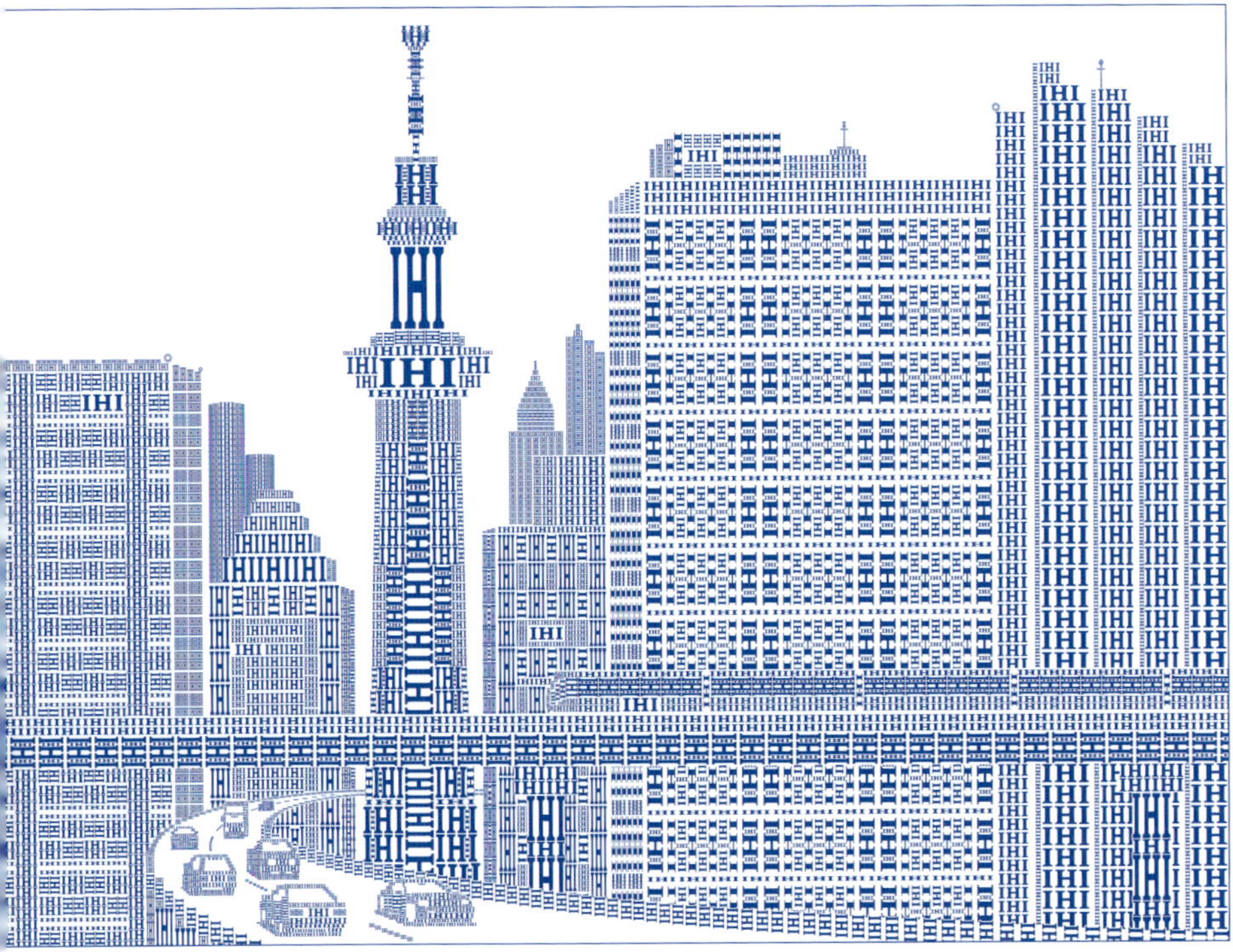

IHIのロゴだけで構成した広告

広告は駅構内に貼り出され、道行く人の注目を集めた

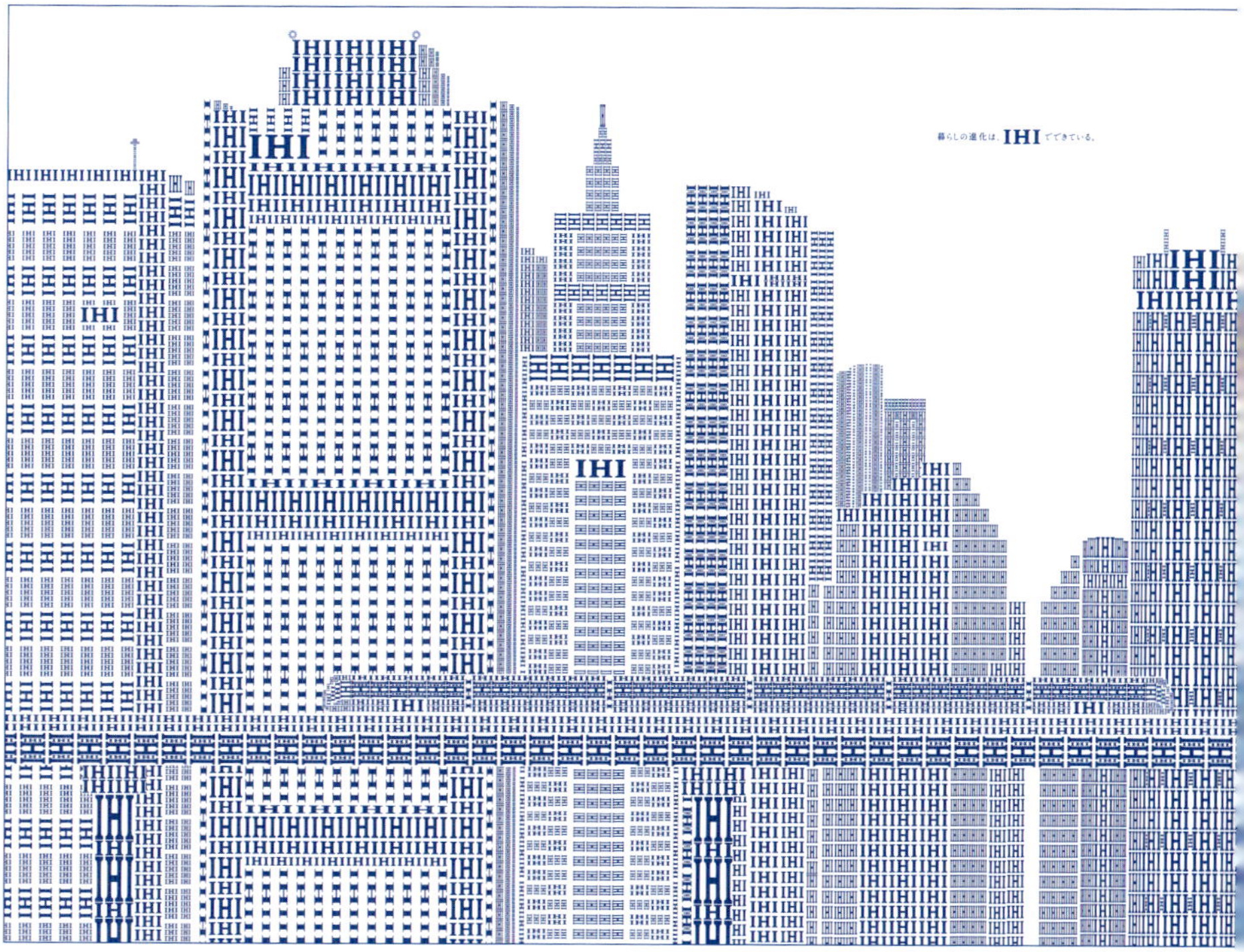
暮らしの進化は、IHIでできている。

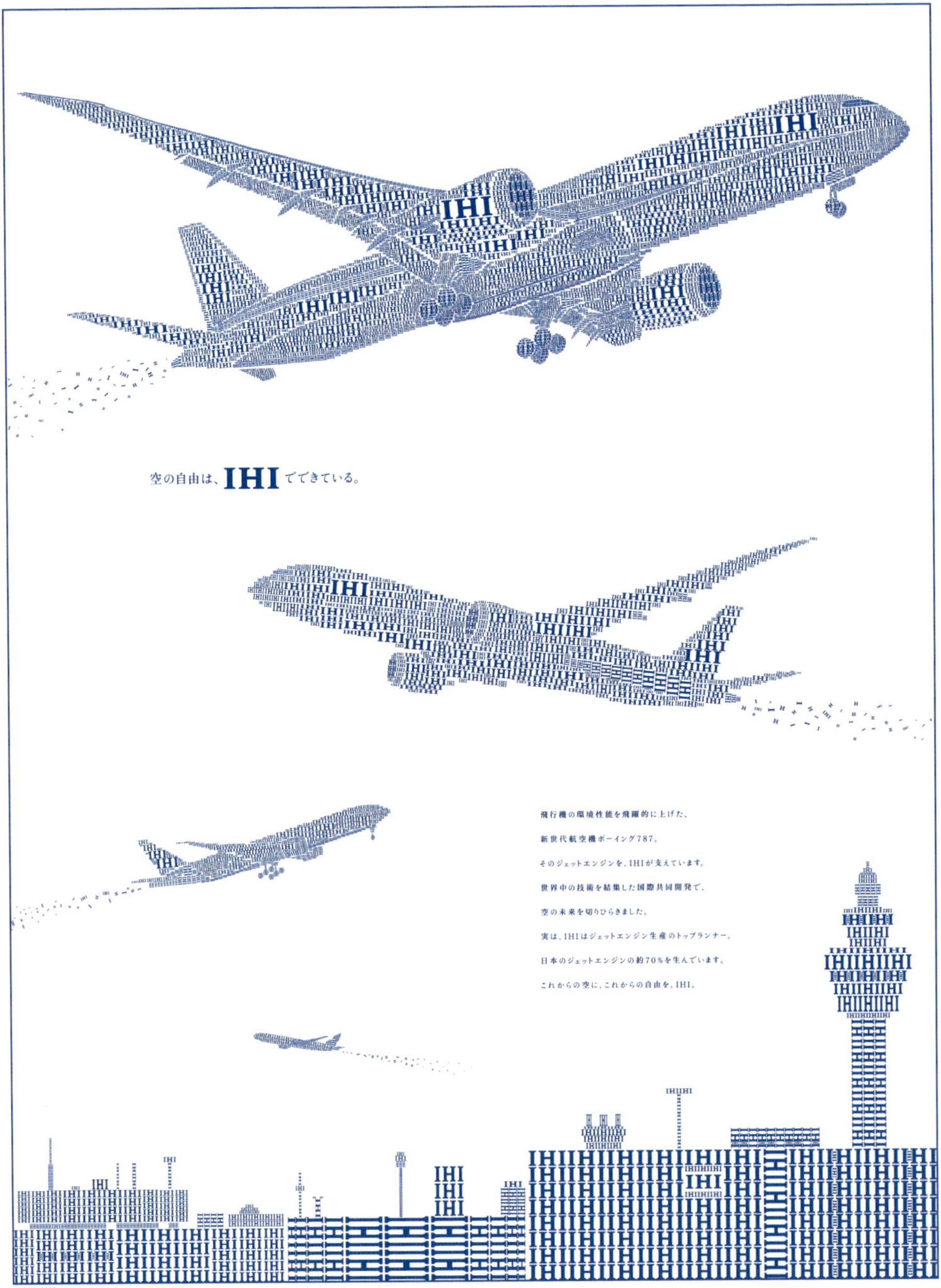

日本経済新聞の朝刊に、3日間連続で掲載した広告

3パターンを掲出し、IHIの幅広い事業内容をアピール

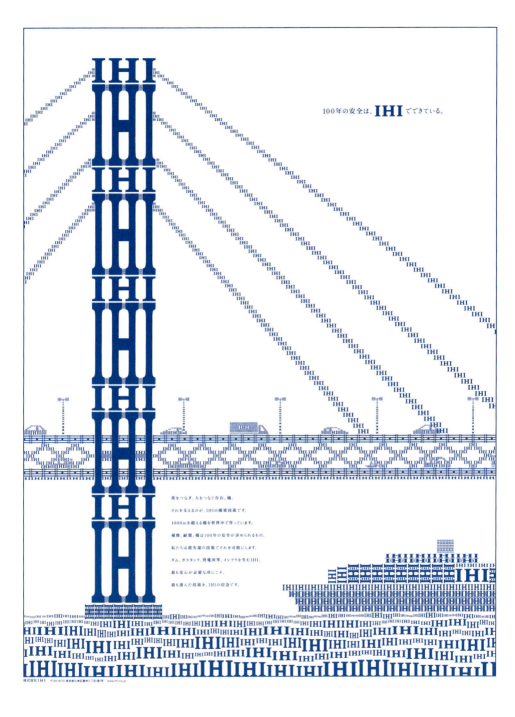

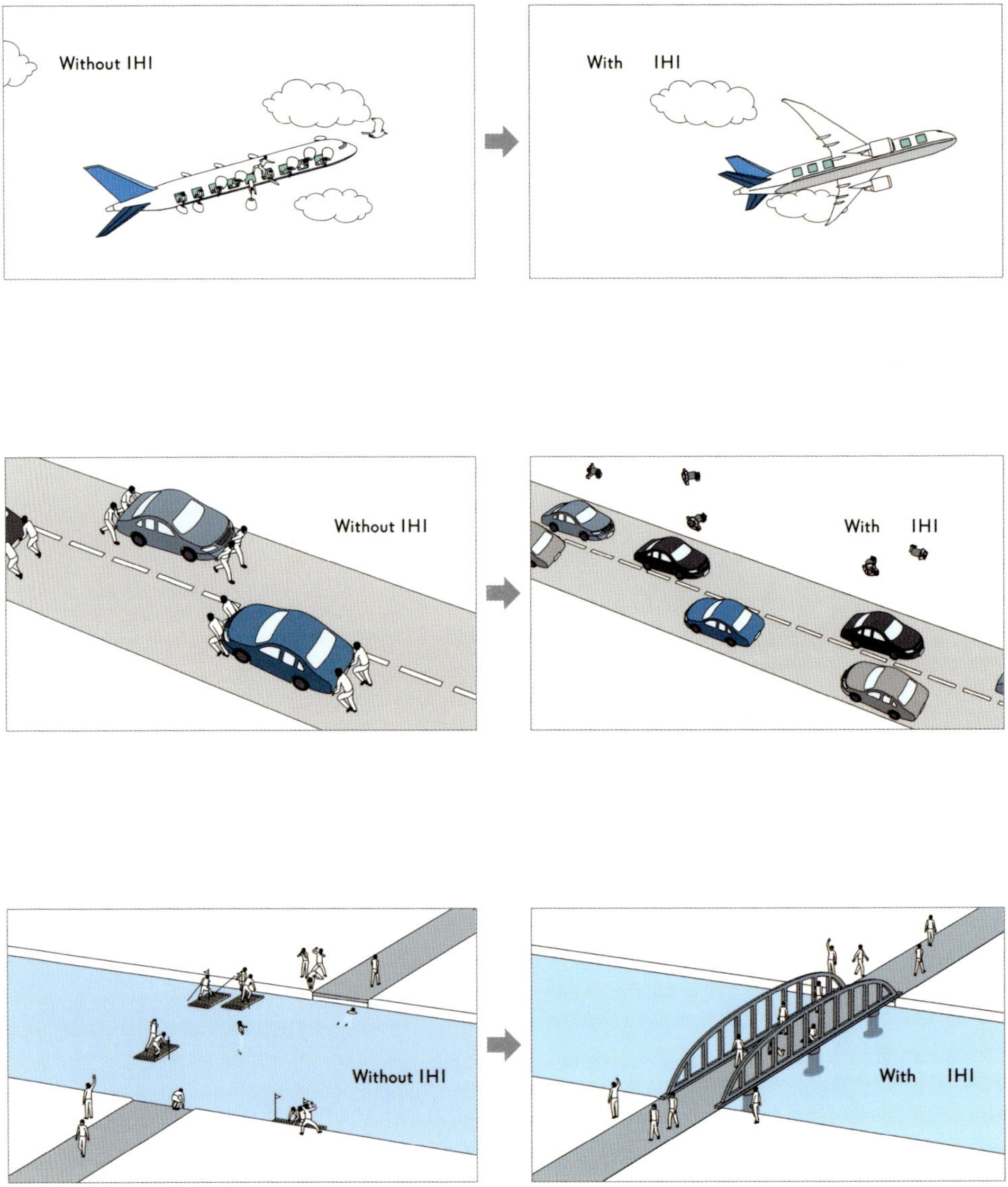

ボツ案が復活

リクルートサイト用の動画広告「Without IHI」は、一度ボツになった「もし、IHIがなかったら」が復活したもの

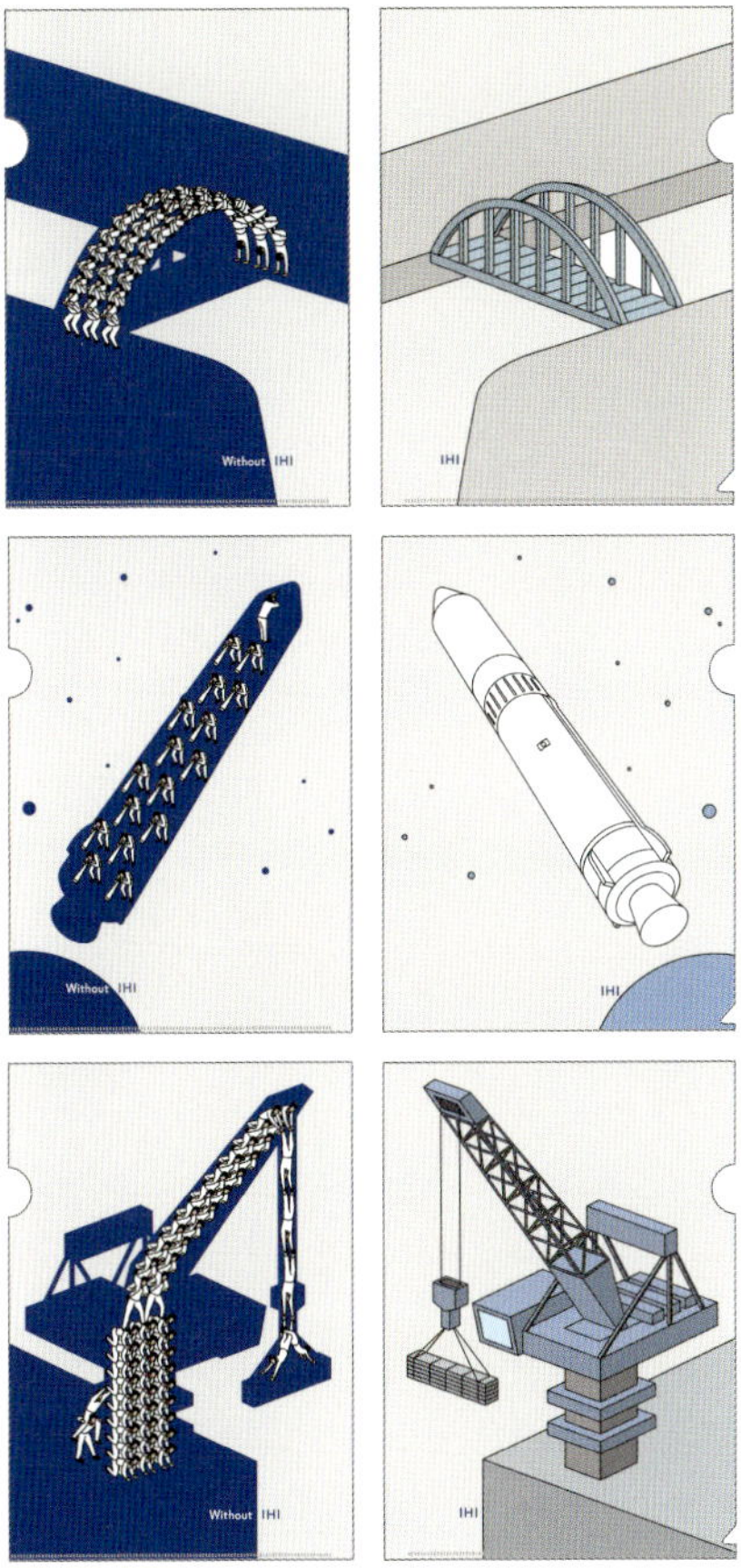

グッズも制作

リクルートイベント用に「Without IHI」の紙バックやクリアファイル、付箋といったグッズも制作したジアムの内観パースを作るといったことまでしました。

いずれの案も、常にＩＨＩの「青」が印象的に映るような表現になるよう工夫しています。

結局これらの案は一旦ボツになり、採用に至ったのが、ロゴを全肯定しようと振り切った案。それが、IHI LOGO WORLDという一連の広告キャンペーンでした。ＩＨＩのロゴだけを使ってＩＨＩが携わっている船や飛行機やビル、橋やロケットを表現しようという広告クリエーティブ。陸や海、空から宇宙までＩＨＩの事業領域をすべてカバーし、その意味でも同社を全肯定しています。

世の中の多くのものは、実はＩＨＩから構成されています、というシンプルなメッセージです。本当にロゴしか出てきませんし、ロゴは結局色すら一切変えていません。そして最初の提案のときのキャッチコピーは「I Have Innovation」でした。頭文字を取ると「ＩＨＩ」。ロゴとの連動を徹底した提案でした。

テレビＣＭにいたっては、全編を通じてナレーションなし。ロゴは1個ずつアニメーターが動かしています。立体の動きを平面の文字だけで表現するのは実は難しく、結局レイヤー数も４０００を超えました。もうデータがパンクする、ギリギリの状態でした。そして動きに関して気を配ったのが、ＩＨＩのロゴの軽やかさ。ＩＨＩのロゴ単体だけを見ると堅くて重いイメージでも、動きによってその印象は１８０度変えられます。

この広告のメッセージを強調するために、極力ＩＨＩのロゴのみで構成し、ほかの余計な要素はできるだけ入れないようにしました。例えば、横長サイズの交通広告に添えられた文字要素といえば、「暮らしの進化はＩＨＩでできている。」「１００年の安全はＩＨＩでできている。」「空の自由はＩＨＩでできている。」というキャッチコピーが小さく添えられているだけ。言葉でのアピールは圧倒的に控えめなのが特徴です。

対等な関係でないと全員が本気になれない

この案、担当者の方には気に入ってはいただけましたが、各方面に稟議を通すに当たりいくつかの部署から「もっと情報を足すべきではないか」という意見も多かったようです。ただ、そもそもこの企画は、ロゴを全肯定するというコンセプトから始まったモノです。ここにどんどん余計な情報を入れてしまうと、せっかくのロゴが生きなくなる。ぼやけたクリエーティブは人の心には刺さらないし、本当の反応がわかりません。「自分を悪者にしてもらっていいから、なんとかこのまま通してほしい」ということは最後まで訴え続けました。

こうしたこだわりが通ったのは、もちろん一緒に仕事をしたＩＨＩの広報部の皆さんが本気でこのクリエーティブを世に出していこうと頑張ってくださったからです。そしてもう1つ、この一連のキャンペーンは最初から最後までクライアントと率直に対等に議論して生み出したクリエーティブだからです。このことで、チーム全員の一体感が高まったのは確かだと思います。デザイナーとクライアント、互いが直接向き合い本気になっていなければ、このようなエッジの利いた広告表現は生まれなかったでしょう。

IHI LOGO WORLDの反応について、社内からはポジティブな反応が多かったと聞いています。また、学生向けの企業説明会でも、「ＩＨＩの広告を見た」という学生が目に見えて増えました。

ＩＨＩと普段は関わりがないであろう一般消費者の方が「素晴らしい広告だった」と伝えるために、わざわざ電話をかけてくれたなんてこともあったと聞きました。「お父さんの会社の広告を見た」という話題がきっかけで、久しぶりに娘と話すことができたという社員の方もいたそうです。これまでの企業広告には、ポジティブな反応もネガティブな反応もほとんどなかったそうで、この結果に多くの関係者が喜んでくれました。

IHI LOGO WORLDは２０１５年６月、新聞広告が「第68回 広告電通賞」の「新聞広告電通賞」を、同年７月にはＪＲ駅ホームの交通看板が「交通広告グランプリ ２０１５」の「サインボード部門・最優秀部門賞」を、それぞれ獲得しました。

過去のボツ案が次々と復活

今はこの広告キャンペーンがいろいろなところに派生して、ウェブサイトのリニューアルから、企業カレンダーやＩＲ関係の報告書まで一緒になって作り直しています。また採用されずにボツになってしまった提案が、少しずつ復活しています。先ほどの「もし、ＩＨＩがなかったら」という翼や橋のないボツ案は「Without IHI」というリクルート向けのキャンペーンとして日の目を見ました。またキャラクター提案の時にミュージアムの内観パースを見せたことがきっかけで、ＩＨＩのショールームの改装もいままさに進み始めたところです。

クライアントのことを考えながら、振れ幅を大きく、かつ多様な角度から提案をする。それもグラフィックデザインにこだわらずジャンルの枠を超えて。それが結果的に、クライアントとの長期的な関係作りに結びついているのです。私たちは、グラフィックからプロダクト、空間、建築、そして映像まで基本的にはどんなアウトプットにも対応できる組織としてさまざまな挑戦を続けてきました。その試みが、どんな要求にもあらゆる角度から提案ができる引き出しとなり、多くのクライアントの課題解決のために取り組みができるようになっているのかなと感じています。

今回の提案もそうですが、アイデアを提案するときに不思議と多く見られるのが、次ページのような「要求範囲拡張型」のボツ案活用のプロセスです。クライアントの要求に沿うど真ん中の案Ａに加えて、要求から少しだけ外れた案Ｂと、ちょっと大きめに外した案Ｃをあえて提案することがあります。すると、クライアントが刺激を受けて、もともと考えていた要求範囲を見直し、時にはその範囲を大きく広げてくれることがあるのです。そうなったときに、ちょっと外したＢ案をさらにチャレンジするのか、それともＣをもうちょっと既存の市場の枠組みに寄せるかという対話と調整をしながら、最終的にはクライアントも想定していなかったまったく新しい市場に新しい製品を送り込むという大きなチャレンジが実現することもあったりします。どの案を選んだとしても、クライアントの可能性を大きく広げる役割をボツ案が担ってくれるのです。

ボツ活用のプロセス③【要求範囲拡張型】

デザイン提案の際、企業が要求している範囲のど真ん中の案に加え、ぎりぎりはみ出しそうな案と、完全に振り切った案を2つを提示する

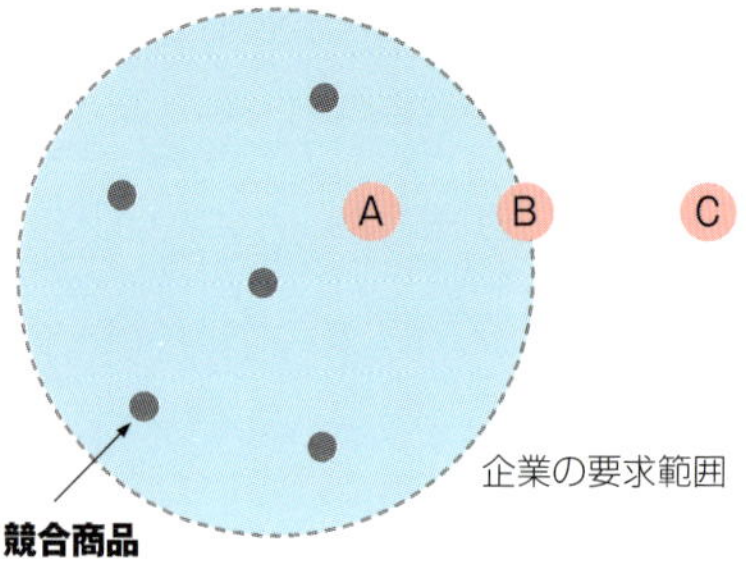

すると、企業の要求範囲が広がり、提案の幅がひろがることがある。Bをもう少しとがらせた提案や、Cを抑え目にした案、あらたにD案などを出して新たな可能性を探る

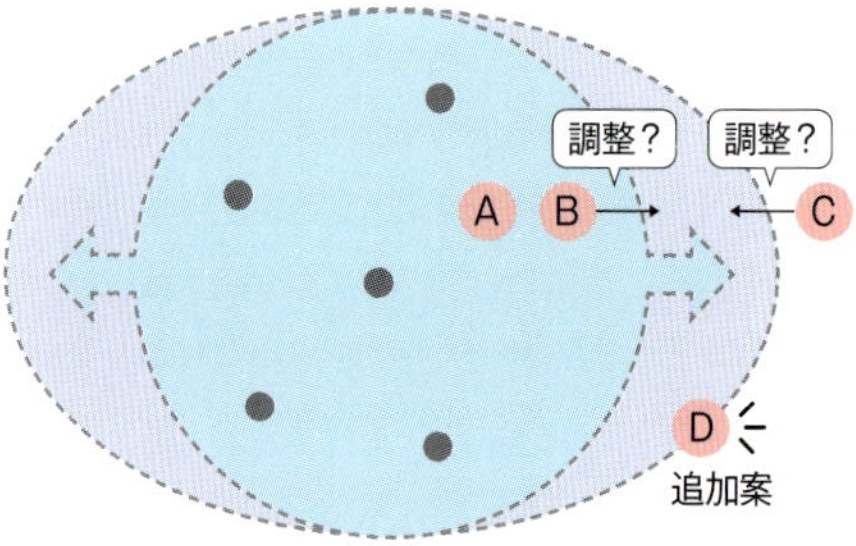

IHIのケースでは、採用されたのは直球のA案だが、クライアントの視野は大きく広がり、時にはかなり振り切った案が採用になることも

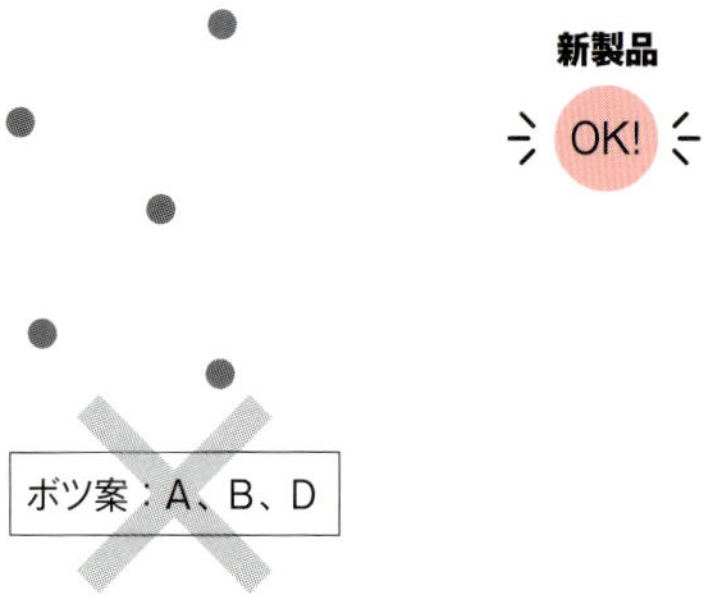

第5章

人を育てる ボツ案

ボツ案が人の心を変えるスイッチに

デザインを活用したブランディングが、ほかのコンサルティング案件などと明らかに違うのは、最終的なアウトプットが目に見える形で出されるということです。ゴールを目の当たりにすることで、クライアントの意識やモチベーションといった部分に明らかにスイッチが入り、ビジョンがクリアなものになります。これによって、経営者や商品開発者、インハウスデザイナー、職人など、プロジェクト関係者全員が一丸となってゴールに向かっていく。そんな場面によく出くわします。

そのために必要なのは、業界の慣習や常識をあまり意識し過ぎない自分のような外部デザイナーが、良い意味で非常識なアイデアや面白いと思う提案を投げかけること。クライアント側から見た「作り手」の常識や都合をいったん横に置いて、もう一度まっさらな視点からのものづくりに挑戦してみましょう、と問いかけてみるのです。

そうすると、現場の人から「本当はこんなことをやりたかったのだけど」という提案が出てきて、会社がどんどん活性化されていくことがあります。

旅行用かばんなどを手がけるエースでは、旗艦ブランド「プロテカ」を中心に、同社の商品開発からＣＩ・広告などのブランディングまですべてを統括するクリエイティブディレクターとして関わらせてもらっています。同社の場合はすでに国内シェアはナンバーワンであったため、海外市場も戦っていきたい、そして国内のインバウンド需要を取っていきたい、という考え方が基本にあります。

ここでは、「日本製」ということをどれだけ伝えていけるかが大事なポイントだと思いました。シェアを獲得するための商品ボリュームでは勝てないとなったときに、どう戦うか。日本の家電や自動車業界も同じだと思うのですが、モノづくりの品質やこだわり、かゆいところに手が届くような日本らしい工夫――そういう部分を正しく伝えないといけないと感じていました。

デザイナーはピエロの役割

そこでまずは、既存の全商品をブラッシュアップして、改善できるところは改善しようと試みました。常に念頭に置いていたのはものづくりに対するこだわりを持って「誰もやっていないことをやる、ということでした。

その時に私が大切にするスタンスは、〝ビギナーズラック〟をいかに数多く生み出せるか、ということ。クライアントがその業界のプロだからこそ気が付かない価値というものを掘り起こすことができなかったら、私がいる意味がなくなってしまいます。こうした時に「これはどうせボツになってしまうのではないだろうか?」ということを心配しながらアイデアを考えるのはもったいない。業界の習慣をあえて崩し周囲を刺激するために、時にはピエロを演じるつもりで、あらゆる方向からアイデアを提案していきます。

例えば、打ち合わせの段階で「スーツケースには車輪が4つのものと2つのものがありますが、そもそも3つだとどういうメリットとデメリットがあるのか?」など、できるだけモノゴトの川上に立って考えるようにします。そうした考えで出てきたのが、182ページからのアイデアです。

ファスナーを斜めにして、重なり合う部分を作る。それによって縦にも横にも開くようなスーツケースはどうだろうかという案が1つ。そして、それをさらに発展させ、全方向から開けられるスーツケースはできないの?というアイデアもありました。さらには、ケースの中がエアーバッグのように膨らむようになってその空気の力で中身を保護できないかなど、かなり挑戦的な案や、飛行機のサイズ制限内でできるだけの容量が入るケースができないかと考え、キャスターやハンドルに工夫を重ねたものなど…。

「確かに面白いけど常識から考えるとボツになりそう」と考える方もいるかも知れません。それでも、こうした素人目線からのアイデアを本気で提案する意味はあります。それは先ほどから説明しているように、業界の慣習を少しでも崩すこと。そしてデザイナーやものづくりの現場の人たちに、「そんなアイデアでもいいんだ」とか、「ひと工夫したら意外と実現できるかも?」と思ってもらうことです。

現場でものづくりをしている人々は、普段からその商品のことばかりを考えている人たち。ですから1つきっかけがあったり、デザイナーである私がピエロになることでアイデア出しの敷居を下げてあげると、いろいろなアイデアが出てきます。また、面白いアイデアが出てくると、社内の人たちも「じゃあ、こんなこともできるんじゃないか」と、皆が面白がり始めるのです。私の中ではそれがとても大事な「スイッチ」というか、「ああ、よかった。みんなが良いモードに入ってくれた」と思う瞬間です。この中のいくつかがボツになったとしても、そのボツ案が意思決定者や現場の人の意識を変えるのです。

クライアントの多くは、自分たちの業界に長くいるために、いろんな「悪手」を経験的に知ってしまっている。「こんなリスクがある」という知識は、失敗しないためには大切です。ただそのリスクが本当に「問題」なのか、というところから捉えなおす。捉え方によってはこれまでリスクと言われていたことが魅力になるということもあるのです。

アイデアを生み出せる企業環境づくりを

私の大きな役割は素人の目線、消費者の目線で「ほんとうに価値があるのか」を常に考えながら、これまでのモノゴトの価値を転換してあげることだと思います。そして、その価値転換を起こすことで、社内の人々のやる気や意識が大きく変わります。格好いいものを作ること以上に、そっちのほうが断然価値がありますし、プロジェクトの成功する確率が上がると感じています。

ボツ案も含む大量のアイデアが、皆がやる気を出すきっかけとなり、エースのインハウスのデザイナーや技術者とはすごく良い関係性が構築されました。プロテカでは360度どの方向からも開けられるスーツケースを作ることができたのですが、これなどは普通なら「技術的にできない」とボツになってもおかしくない案なのです。はじめは新しい機構を生み出さなくては実現は難しいだろうと覚悟をしていました。しかし、ある時にエースの商品開発の方がファスナーの位置を少し工夫することで実現できることを発見してくれたのです。モノの見方を少しだけ変えるだけで価値が大きく変わるという、私たちと同じ考え方を共有できた気がしました。

1点突破でブランドが成長

また、プロテカのブランド共通の部分で、ここをデザインし直すと価値が出そうだというところを探るなかで、大きなポイントとなったのが車輪でした。車輪をしっかりデザインするというのは、意外なことにどのメーカーもやっていなかったのです。

エンブレムを1個付けるにしても、本体だとボディを一部へこませたりしなくてはいけないので、コストがすごく上がってしまうのですが、車輪にエンブレムを付けるのにはそれほどコストはかからない。ならば左下の車輪にロゴを付けて、それをブランディングのアイデンティティーにしたらいいのではという話になりました。そのときにエースの森下宏明社長が、せっかくそこにアイコン性を持たせるのであれば、全部同社が独自開発した「サイレントキャスター」にしたらいいのではと提案してくださったのです。

これで「移動中に音が静かなスーツケースだなと思ってみたら、それが全部プロテカだった」というブランディングストーリーの基礎ができました。形だけではなくて、そこに機能をひも付けるというところまでやり切れたのは、私たちのアイデアを「だったらこうしたらいいのでは」とどんどん増幅してくれるこの体制のおかげです。そして、Pのロゴマークをあらゆるタッチポイントに使っていこうという一点突破型の提案を徹底して続けてきたこともあり、森下社長もそれに応えてくださったのだと感じています。

1つのデザインコンセプトを軸にアクセサリーやパッケージ、空間や広告など、あらゆる展開案を出すケースが私たちの仕事には多くあります。エースでは、Pのロゴマークを軸に数多くのアクセサリーや広告、コミュニケーションを展開しました。こうした「一点突破型」のデザインプロセスを経ると、たとえボツ案が出ても、その案がクライアントの記憶に残りやすく、時期を置いて復活したりするケースが多くあります。また、提案したデザインが枝葉のように広がってどんどんと新しいプロジェクトになっていくことが多いのです。

案A　ファスナーを斜めにしたスーツケース

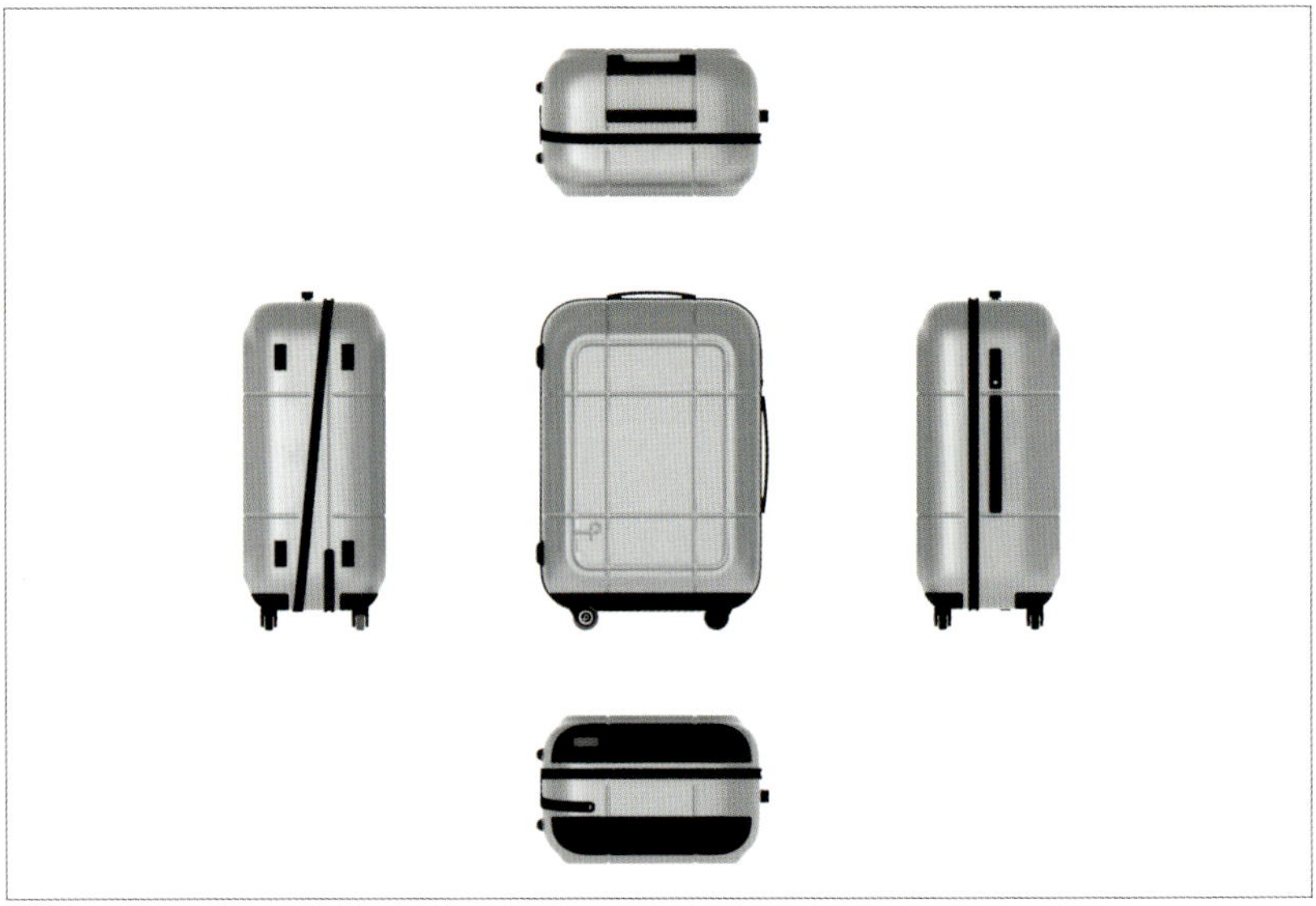

デザインのポイントは、周囲とサイドのライン

すべてのデザインに共通するのが、ケースの周囲とサイドのラインにポイントを置いていること。「しっかりと守る」「がっちりと固定する」という2つのイメージを表現している

これを基に360度どの方向からでも開けられる機構が開発された

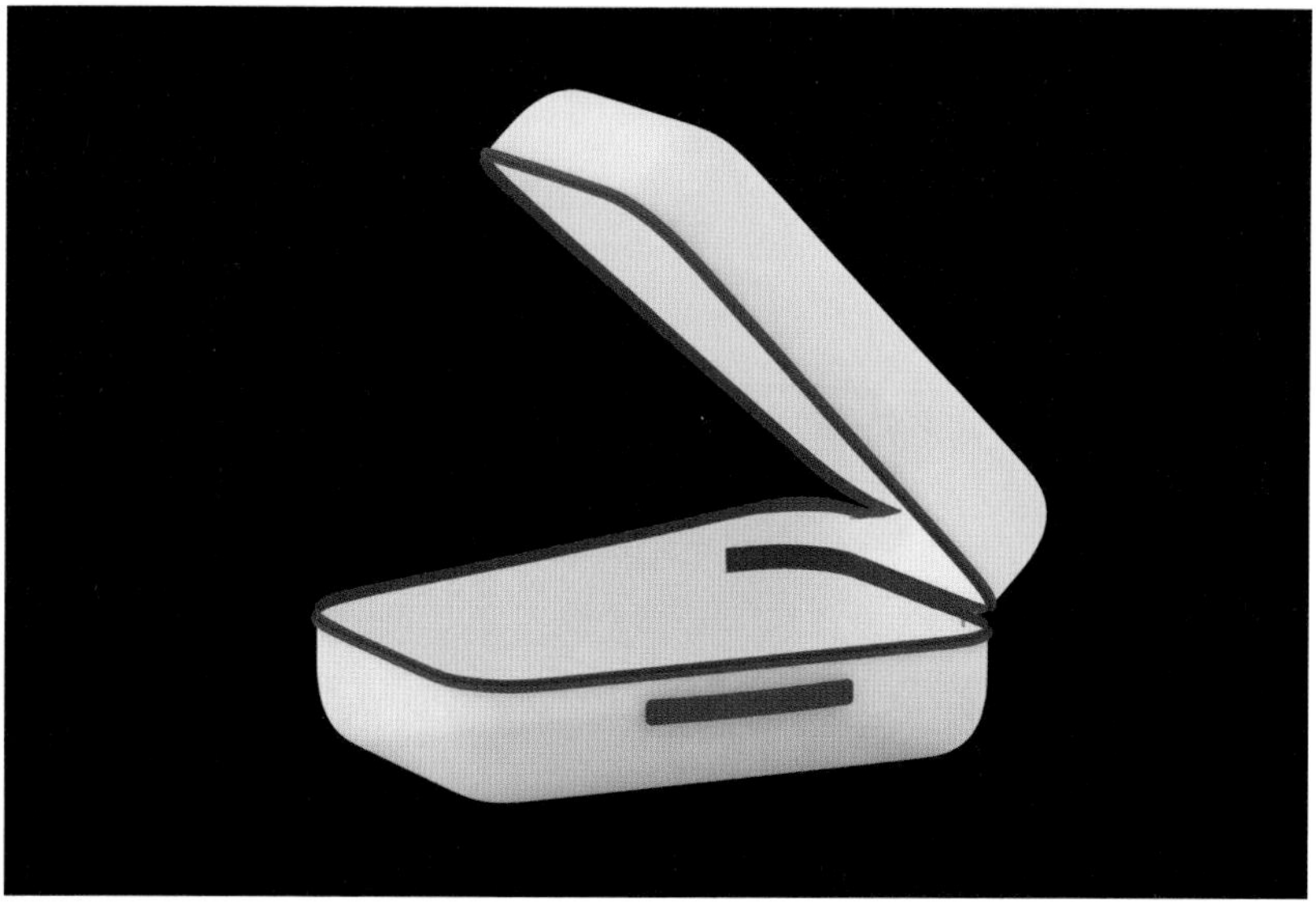

テーマは双方向

ファスナーを斜めに入れて角の部分で重なり合う仕組み。横と縦の両方から開くデザインにした

「P」のワンポイントのエンブレムは採用。車輪のアクセントカラーは製造ロットの都合で実現できなかった

キャスターの性能に悪影響が出る可能性が

意外なところにブランドロゴを

スーツケース正面のブランドロゴを時計の７時の位置に置き、その下のキャスターにもブランドロゴを置いて印象度を強めた。そのほか、濡れた時にできる車輪の跡にもブランドを象徴するパターンを入れるなど、さまざまな場所にブランドとの接点を作るべく提案を行った

カラフルなジッパーは塗装だと、はがれの原因になり、メッキだと発色の良いものが調達できず断念

メーンの商品を優先させるためタグはペンディング

案B　中で膨らむスーツケース

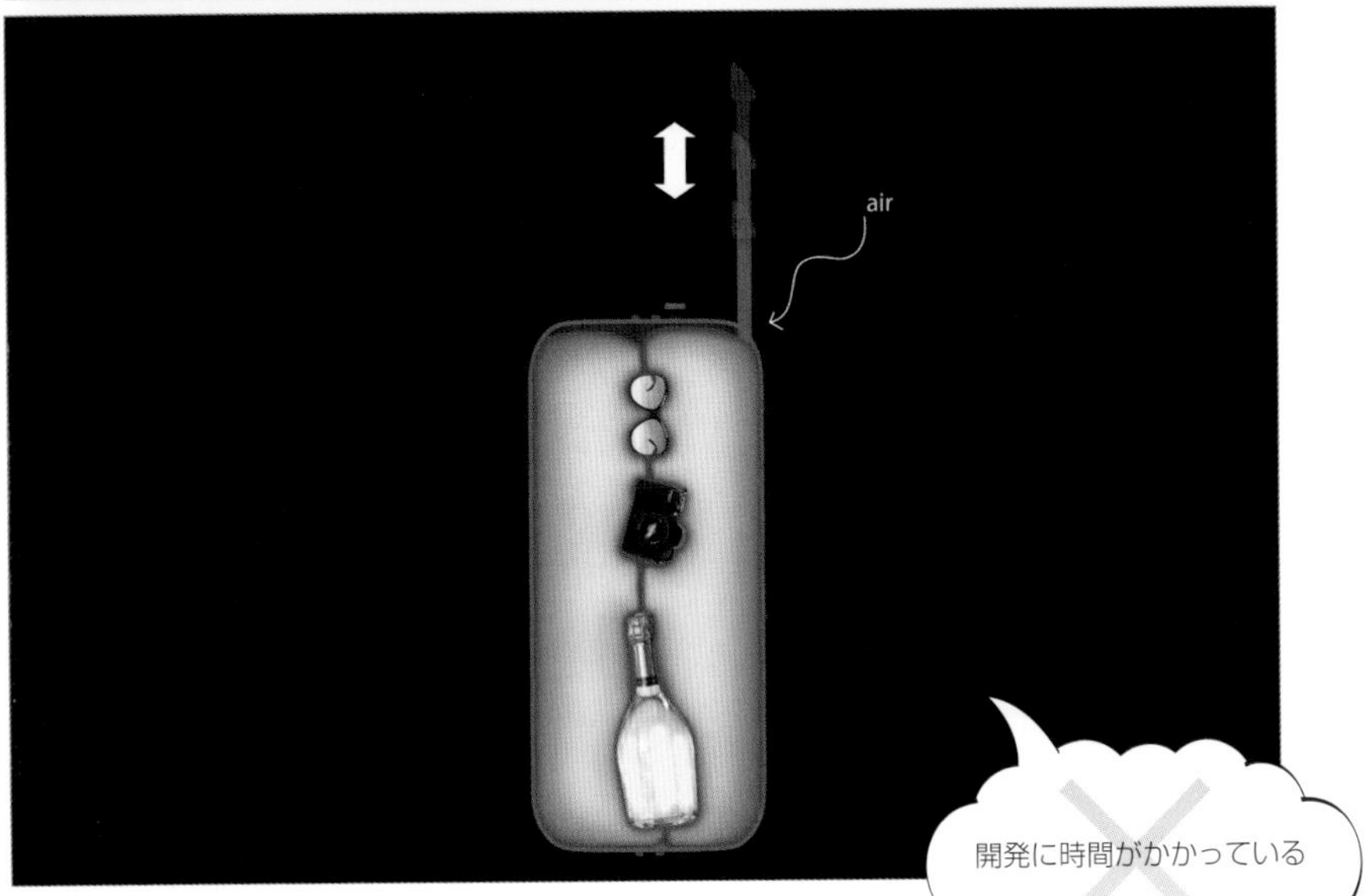
air
開発に時間がかかっている

空気を入れて中身を守る

取っ手がポンプになり、膨らませることで中のものを守る構造

案C　ハンドルの工夫とカスタマイズ性

セットアップ用のカバンが乗
せられないため、ボツに

HELLO
シールの耐久性などに
問題が

収容量を高める取っ手の工夫とカスタム

取っ手位置を工夫して、容量を増やす工夫を。このほか、デザイン面ではシールを使ってカスタマイズできるように

案D　収容量を最大化したスーツケース

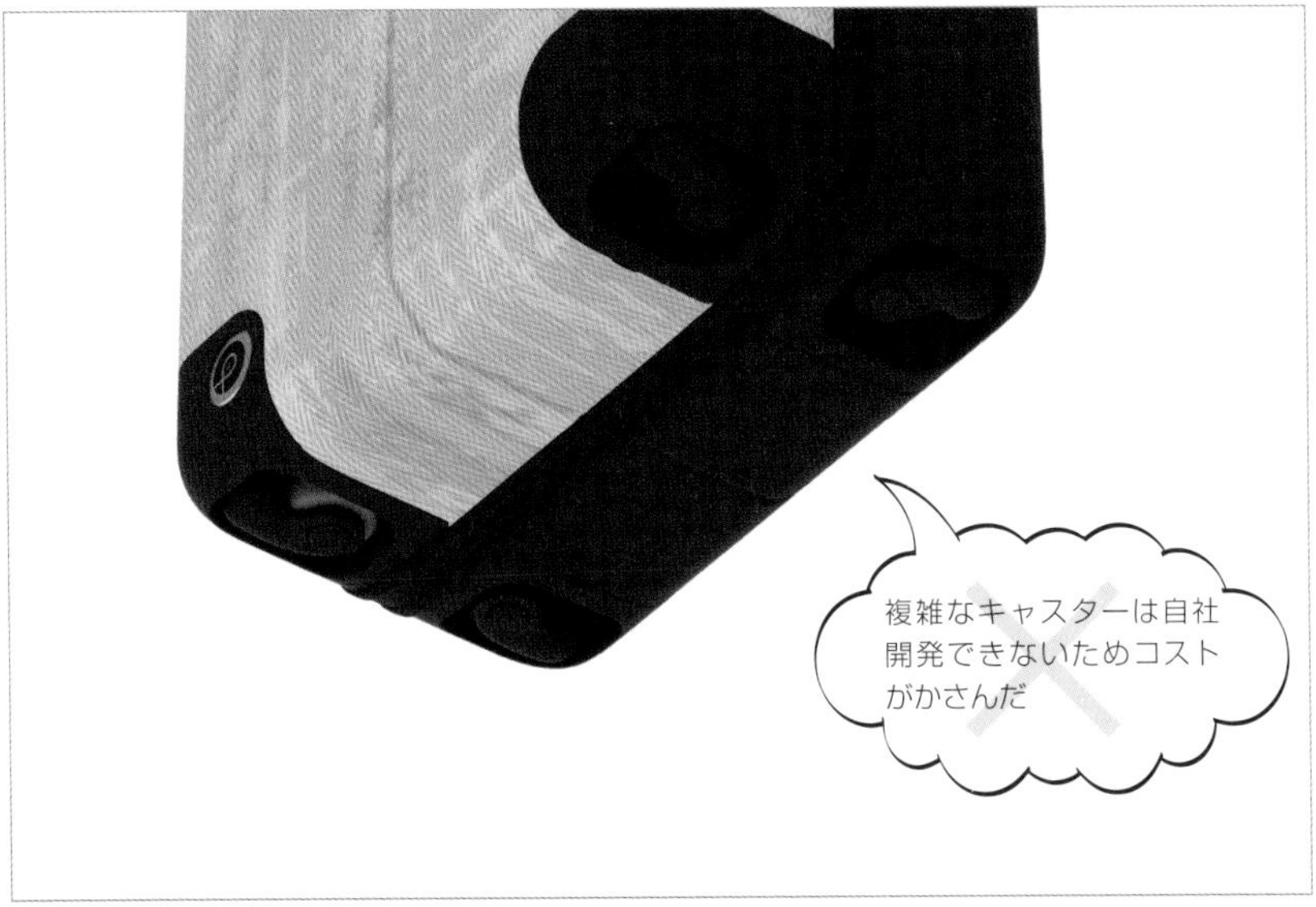
複雑なキャスターは自社開発できないためコストがかさんだ

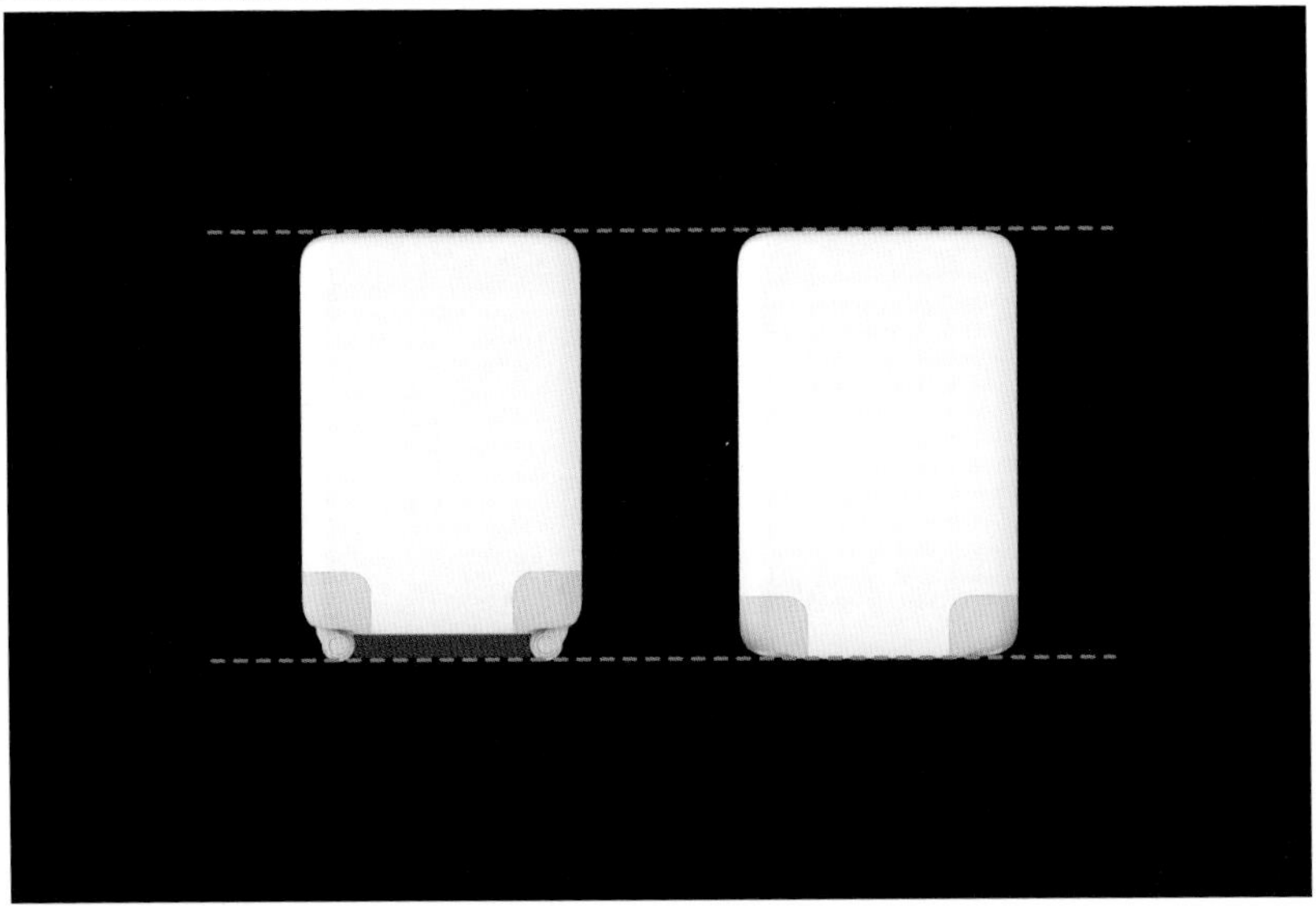

取っ手やキャスターの工夫で収容量を向上

飛行機のサイズ制限内で収納量を最大化できるよう、キャスターをしまえるようにした

完成形　4方向から開けられるケース

360度どこから見ても変わらないリブとエースの初期に使われた色が評価

この構造を最終的に実現

「360」シリーズ

4方向どこからでも開く構造。ロゴの「P」のマークと十字のリブとか一体化したデザイン。上のターコイズブルーは創業当時に発売したケースと同じ色を展開。案Aを基にして商品化した

ロゴから商品、広告までデザイン

「プロテカ」シリーズの商品広告などもリニューアル。スーツケースを統一された大きさの箱の中に入れてその箱の中で商品特性を説明するという設定。また、商品の特徴を漢字で１文字か２文字で表現するコミュニケーションを徹底した

「箱」を多様なメディアで展開

テレビCMや製品発表会でも、広告と同じように箱の中で製品特性を説明するコンセプトでコミュニケーション。同一コンセプトをさまざまな接点で展開することで、ブランドのイメージやメッセージを強く印象付ける狙いがある

天井高を増しながら、落ちついた雰囲気に
天井：スケルトン＋黒色塗装
「運搬」「移動」するイメージから
「パレット」「木箱」をモチーフにした什器に
細かい段差が作りやすく、
陳列に立体感が出しやすい

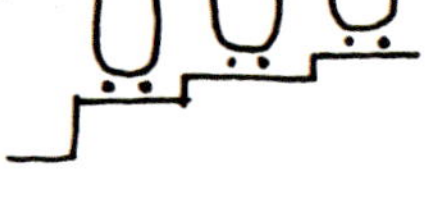

店舗も「箱」をコンセプトに

プロテカの店舗もスーツケースを箱に入れるというコンセプトで展開。移動を想起させるようなパレットや木箱をモチーフとして加えている

床：光沢感の強いタイル

質感を強調

ace.

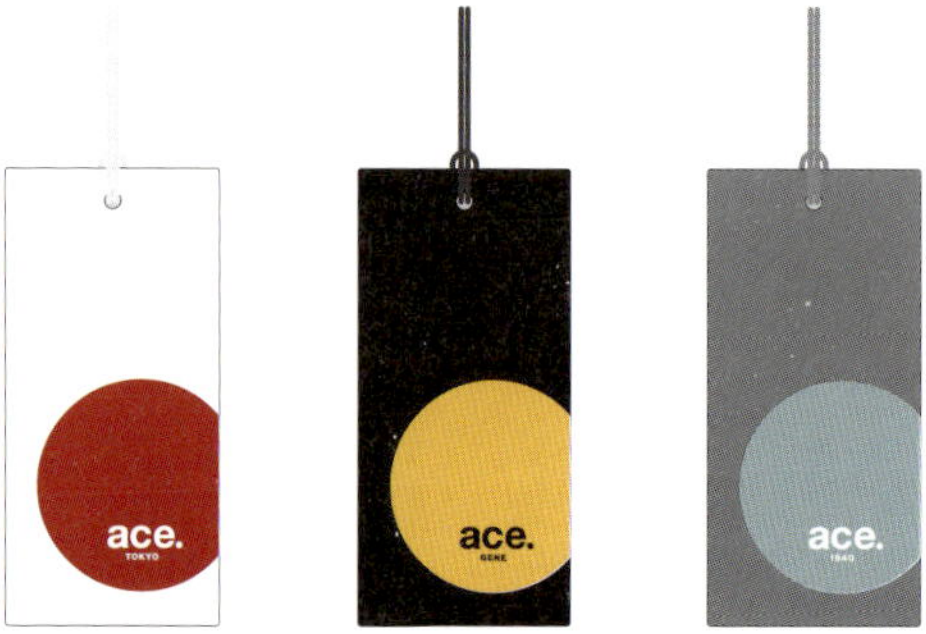

プロテカ以外のブランドにも派生

ace.のショップフォーマット。ブランドイメージを統一しながら、出店場所にあわせてカスタイズができる

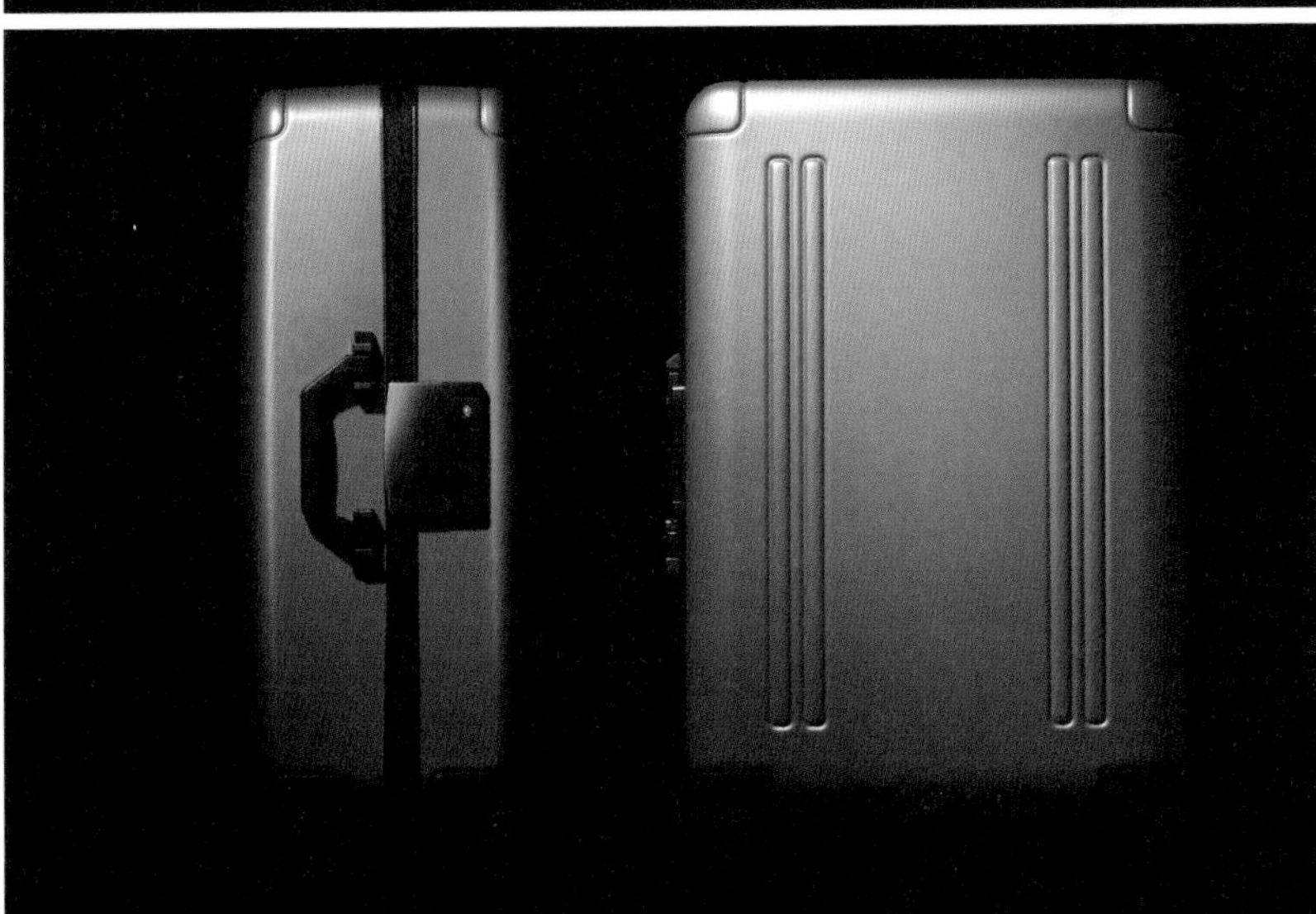

ゼロハリバートンもリニューアル

ゼロハリバートンのアイコンとして大切にされてきた、ふっくらとしたおおらかなフォルムを意識。また、もう１つのアイコンである「ダブルリブ」をこれまでの凸状から溝状にすることで、十分な剛性を保ちながら内部容量を効率的に確保することに成功した

ボツ活用のプロセス④【放射型】

Ａというコンセプトを軸に、あらゆる場面で活用するデザインの可能性をあらかじめ提案

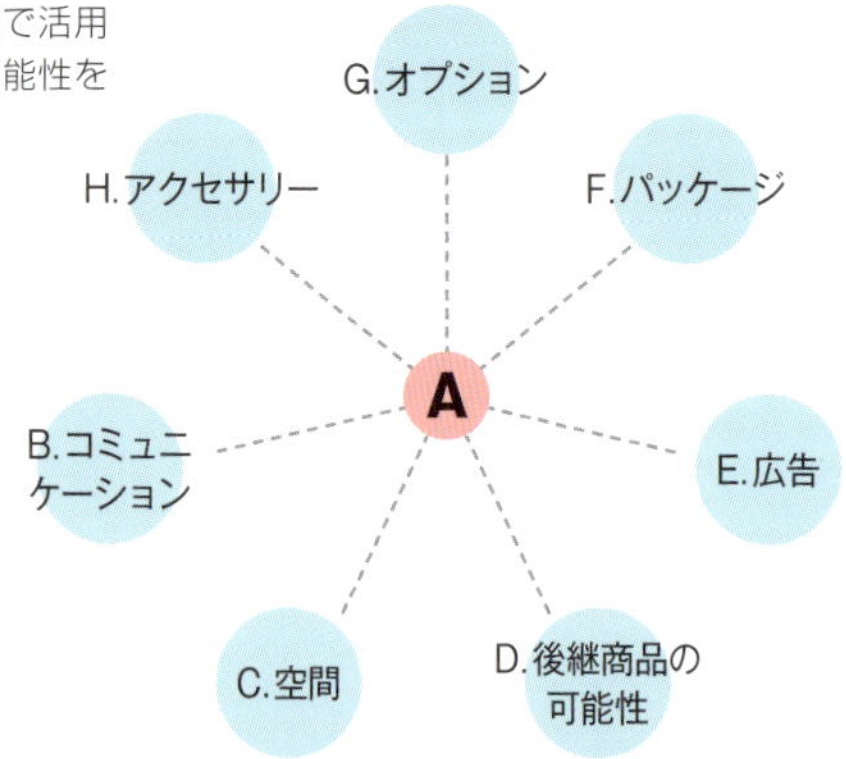

当初は、一部の案しか採用されない場合が多いが、クライアントの記憶にはボツ案も残る

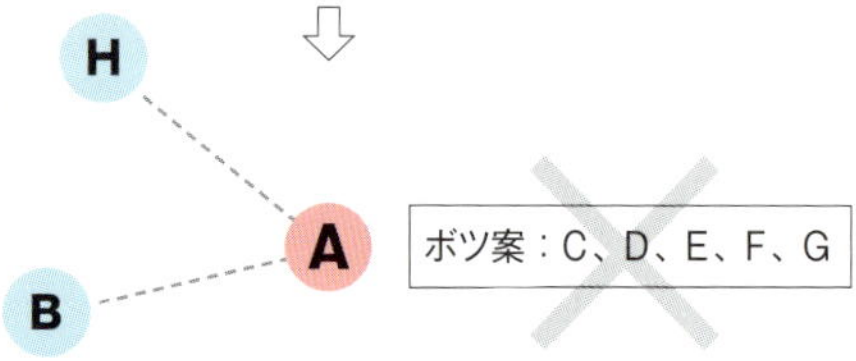

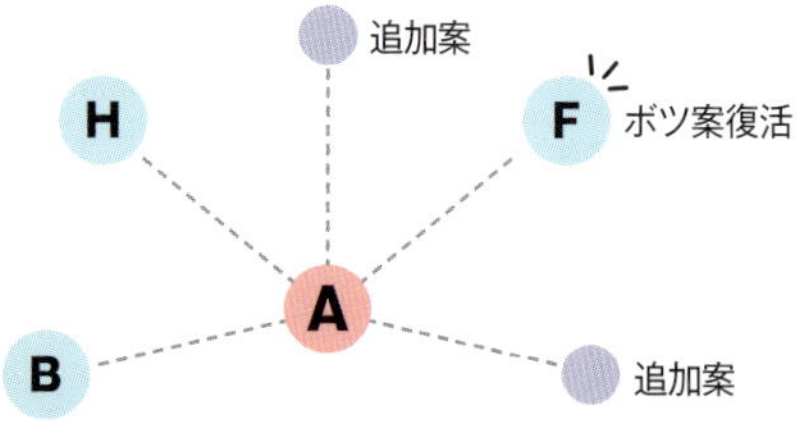

その結果、かつて提案したデザインが、その後復活したり、Ａに関連した別の新しいデザインを依頼されるなど、つながりができていく

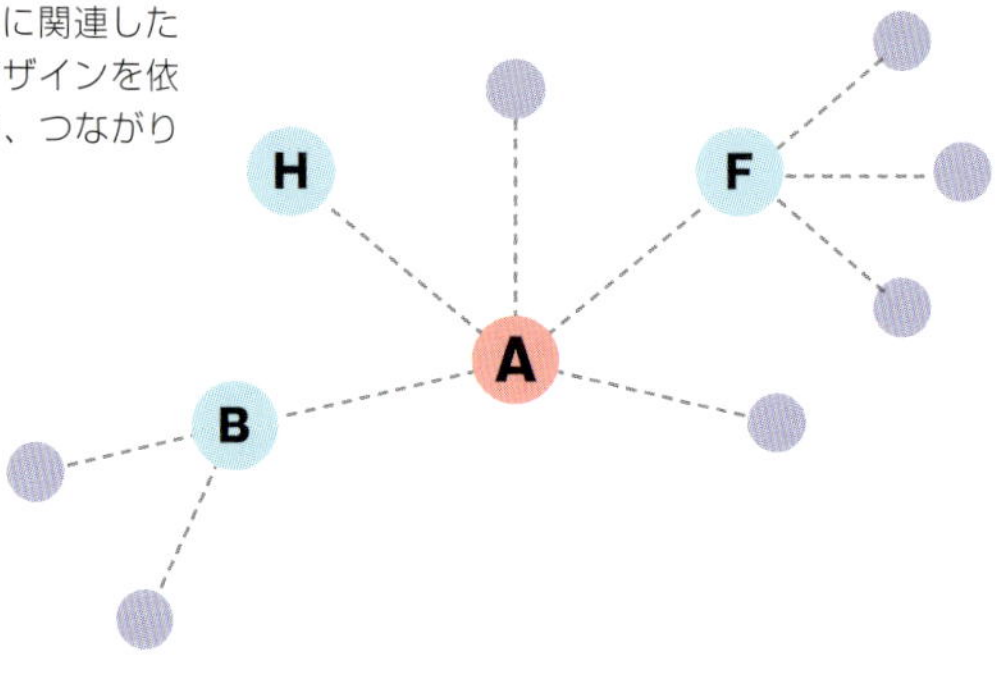

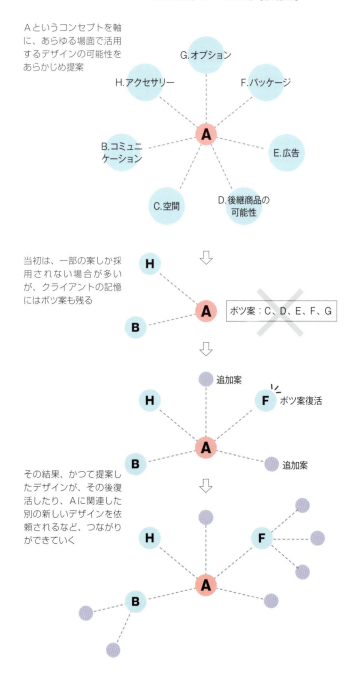

あとがき

「ボツ案」。ほとんどの人の目に触れることなく、闇に葬り去られていく運命のものです。しかし、そこに焦点を当てれば、プロジェクトのプロセスを詳細に伝えることができるのではないか。アイデアの生み出し方、プロジェクトの動かし方、思考の整理の仕方までをボツ案を通じて語れそう。佐藤オオキさんのそんな一言から生まれた本書。日経デザインでは佐藤さんの発想術をテーマにした書籍「ウラからのぞけばオモテが見える」を出版していますが、まさにそんなウラからの発想が生んだ企画です。

多くのデザインプロジェクトの取材を通じて、佐藤さん率いるnendoの仕事を見て驚いたのは、提案の数と質とスピードの3つすべてを満たそうとしている点でした。オリエンテーションを受けてから3週間後には、詳細なCGを含む5案くらいのデザインをクライアントに提案していたりする。そしてプレゼンテーションは大いに受けて盛り上がるのです。そしてまるで息をするようにたくさんのデザインを生み出す佐藤氏が仕事をした後ろには、当然大量のボツ案が積み上がるのです。

プロジェクトの成功は、多くの失敗やボツ案があってこそ。考え方を変えれば、むしろ1つの成功を生み出すために、数々の失敗をあえて生み出す必要があると言えるかも知れません。本書では、アイデアがボツに至るプロセスを類型化。ボツ案が生成されるプロセスを整理して、そこに至るまでの過程を図式化してみましたが、これを参考に、積極的にボツを生み出していただけたら幸いです。ボツを恐れることはありません。ボツを生み出すことが、成功へ向けた一歩なのですから。

本書はボツ案の掲載をご了承いただいた、タカラベルモント、早稲田大学ラグビー蹴球部、ＩＨＩ、エース、ロッテほか各社のご協力なくしては生まれませんでした。また、本書籍を作るにあたって、多大な協力をいただいたnendoの皆様に、改めて感謝を申し上げます。

日経デザイン編集部

佐藤オオキ

デザインオフィスnendo代表。

1977年カナダ生まれ。2000年早稲田大学理工学部建築学科首席卒業。

2002年同大学大学院修了、デザインオフィスnendo設立。

建築、インテリア、プロダクト、グラフィックと多岐に渡ってデザインを手掛け、Newsweek誌「世界が尊敬する日本人100人」に選出され、Wallpaper誌（英）、および、ELLE DÉCOR誌のデザイナー・オブ・ザ・イヤーをはじめとする世界的なデザイン賞の数々を受賞。作品はニューヨーク近代美術館（米）、ビクトリアアンドアルバート博物館（英）、ポンピドゥー・センター（仏）など世界の主要美術館に多数収蔵されている。著書に『ウラからのぞけばオモテが見える』（日経BP社）など。

佐藤オオキのボツ本

2016年12月13日 第1版 第1刷発行

著者	佐藤オオキ〈nendo〉
編集	丸尾弘志〈日経デザイン〉
	花澤裕二〈日経デザイン〉、近藤彩音
発行人	杉山俊幸
発行	日経BP社
発売	日経BPマーケティング
	〒108-8646 東京都港区白金1-17-3
装丁	坂川朱音＋西垂水敦〈krran/カラン〉
本文レイアウト	エステム
印刷・製本	図書印刷株式会社

ISBN 978-4-8222-3583-3 Printed in Japan